职业教育及贯通培养系列教材

数控车削技术(上册)

丁金忠　主编

上海科学技术出版社

内 容 提 要

本教材是以数控车削加工技术的岗位需求和职业能力为依据，融合数控车工四级的相关职业资格标准，以企业的实际岗位需求为指导编写的理实一体化实训教材。

教材在编写思路上遵循项目教学的原理，按零件特征确定项目；由任务引领，以工作过程为导向，理实一体化确定学习情境；以任务驱动的方法达到学习目标。全书共包含8个项目：数控车床安全操作，数控车床基本操作练习，仿真软件的应用，数控车床编程方法与基本指令学习，简单轴类零件的车削加工，盘、套类零件的车削加工，槽类零件的车削加工和螺纹零件的车削加工。附录部分给出数控车工(四级)职业技能鉴定考核模拟练习题，既强化了数控实训教学，也可供有需求的考生参考。

本教材可供中职、高职、大专等数控专业师生使用，也可作为数控车工(国家职业资格四级)职业技能鉴定培训的教材，还可供从事相关工作的技术人员和数控机床操作人员参考。

图书在版编目(CIP)数据

数控车削技术. 上册 / 丁金忠主编. —上海：上海科学技术出版社，2016. 7(2022. 1重印)
职业教育及贯通培养系列教材
ISBN 978-7-5478-3055-0

Ⅰ. ①数… Ⅱ. ①丁… Ⅲ. ①数控机床—车床—车削—职业教育—教材 Ⅳ. ①TG519. 1

中国版本图书馆CIP数据核字(2016)第093224号

数控车削技术(上册)
丁金忠　主编

上海世纪出版(集团)有限公司
上 海 科 学 技 术 出 版 社 出版、发行
(上海市闵行区号景路159弄A座9F-10F)
邮政编码 201101　　www. sstp. cn
上海当纳利印刷有限公司印刷
开本 787×1092　1/16　印张 9. 25
字数 200千字
2016年7月第1版　2022年1月第3次印刷
ISBN 978-7-5478-3055-0/TG・89
定价：32. 00元

本书如有缺页、错装或坏损等严重质量问题，请向工厂联系调换

丛书序

国家在“十三五”规划纲要中指出，制造业升级将成为“十三五”规划中影响我国经济健康发展的重要议题。智能制造等多个有针对性的规划，将逐步落地并对我国制造业产生积极影响。制造业持续往高端、先进方向发展的这一重大变化，使得行业对人才的需求也发生了巨大变化，制造业的岗位要求有了进一步变化，简单体力操作或使用传统工具为主的传统制造业岗位需求呈逐年减少趋势，而数控人才需求的相对比例增加。

掌握较高理论知识与拥有较强技能的数控高素质技能型专门人才可由中职、高职教育培养。在职业教学中推行理实一体化培养方式，不仅能较好地缓解职业教育中理论与实践教学相对脱节引发的矛盾，还能较好地满足企业对高素质复合型人才的特殊需求。

依据数控专业职业教育的教学任务与要求，在适当学习理论知识与突出实践能力的培养的基础上，结合作者多年从事数控专业教学与研究经验，我们组织编写了这套适合于数控技术专业中数控车工、数控铣工、加工中心操作工三个职业的中职和高职学生使用的一体化教材。

本套丛书由浅入深，通俗易懂，理实一体化。在编写思路上，遵循项目教学的原理,按零件特征确定项目;由任务引领,以工作过程为导向,理实一体化确定学习情境;以任务驱动的方法达到学习目标。书中所有任务的编排均来自工作实践,有很强的针对性和实用性,使学生“学得快、用得上、记得牢”。

经过细致的研究,教材编写组老师在教材编写中力求突出以下特色:

(1) 注重理实一体化教学,根据职业的特点设计教学项目,使学生在项目任务的引领下学习数控机床编程与操作的相关理论与技能,使理论学习和实训练习融为一体,缩短理论知识和实践的距离。

(2) 注重以项目任务为中心、以工作过程为基础。教材的编写突破了传统的理论递进编写体系,按实际操作中的任务需求作为出发点,在教师授课和指导下,学生按序完成工作任务,以获得成就感,并激发了学习兴趣。

(3) 每个项目都有项目描述,并提出明确的学习目标(知识目标、技能目标、素质目标),让学生明确工作任务与内容。

(4) 每个工作任务都通过工作准备、零件图纸识读、刀具选用、加工工艺分析、程序编制、仿真加工、实践训练、零件检测、误差分析、练习评价等若干个学习情境完成,有利于学生提高职业工作能力。

(5) 附录部分,给出科学的、典型的、实用的职业技能鉴定考核模拟练习,既强化了数控实训教学,也可供有需求的考生有针对性地进行选择学习;并给出国家职业标准,供参考。

本套教材编写以上海市职业教育数控技术应用专业教学标准和国家职业资格鉴定标准为指导。可用作中职、高职等数控专业师生的教学用书,也适用于上海市数控车工、数控铣工、加工中心操作工三个职业技能培训的教学,还可供从事相关工作的技术人员和数控机床操作人员参考。

由于时间仓促和编者水平有限、经验不足,书中难免存在疏漏、错误之处,敬请各位读者指正。

编委会

前　言

本教材是根据高等职业教育数控专业教学大纲，参照上海市职业技能鉴定考核——数控车工(国家职业资格四级)的项目要求组织编写而成的。教材注重理实一体化教学，从强化培养技能操作角度出发，采用项目教学的方法，较好地体现了本职业所需的理论知识和操作技术，对于提高从业人员基本素质、掌握数控车工(四级)的专业知识和操作技能有指导作用。

教材在编写思路上，遵循项目教学的原则，按零件特征确定项目；由任务引领，以工作过程为导向，理实一体化确定学习情境；以任务驱动的方法达到学习目标。教材中所有任务的编排均来自工作实践，有很强的针对性和实用性。为便于读者巩固和掌握本教材的专业知识和技能，附录一提供了职业技能鉴定考核模拟练习题，附录二给出国家职业标准供参考。本教材是在上海市高级技工学校-上海工程技术大学高等职业技术学院数控专业教学中试用一年的基础上修改完成的。

本教材可作为中等、高等职业院校师生数控实训的教材，也可作为相关专业人员数控车工(国家职业资格四级)职业技能培训与鉴定考核教材。

本教材由上海市高级技工学校-上海工程技术大学高等职业技术学院丁金忠担任主编，负责编写项目四～项目六。上海市高级技工学校-上海工程技术大学高等职业技术学院沈永红、曹志鸿担任副主编，分别负责编写项目一～项目三及绘制全书插图及练习图纸。上海市宝山职业技术学校蔡一平负责编写项目七、项目八。全书由娄斌超担任主审。

由于时间仓促和编者水平有限、经验不足，书中难免存在疏漏、错误之处，敬请各位读者指正。

编　者

目　录

项目一　数控车床安全操作

一、项目描述

一辆汽车在公路上行驶,驾驶员要遵守交通规则,操作要符合车辆操作流程。数控车床也需要安全文明规范操作。如何避免事故并保证设备和人员安全操作,就是本项目学习的内容。

二、项目目标

(一) 知识目标

(1) 了解操作人员着装要求。

(2) 了解数控车床安全操作规程。

(二) 技能目标

(1) 服装穿戴符合安全操作要求。

(2) 会按数控车床操作要求安全操作。

(3) 会对数控车床操作环境对照标准进行检查。

(三) 素质目标

(1) 养成一丝不苟地安全操作的职业素养。

(2) 养成时刻用安全操作的标准衡量自己的操作和周围环境的习惯。

(3) 能对周围不安全因素提出改进方法。

三、专业知识

(一) 服装要求

在数控车床工作时,请穿好工作服、耐油安全鞋,并戴上安全帽及防护镜,不允许戴手套操作数控机床,也不允许佩戴领带等胸卡佩戴物。

(二) 安全生产原则

原则一:“管生产必须管安全”“管技能培训必须管安全”。

原则二:“三同时”(新、改、扩建工程项目的安全设施必须与主体工程同时设计、同时施工、同时投入生产和使用)。

原则三:“三级教育”(新职工必须进行厂级、车间、班组安全教育,在考试合格后方准独立操作)。学生必须接受学校和班级安全教育。

原则四:“三不伤害”(不伤害自己;不伤害他人;不被他人伤害)。

原则五:“四不放过”(对事故原因没有查清不放过,事故责任者没有严肃处理不放过,广大职工没有受到教育不放过,防范措施没有落实不放过)。

原则六:“五同时”(企业领导在计划、布置、检查、总结、评比生产的同时,计划、布置、检查、总结、评比安全)。

(三)开机前的准备

1)理解教师的分组要求,知道操作工位

2)学习岗位操作要求

(1)两位同学为一组,但是不允许两人同时操作机床。但某项工作如需要两个人或多人共同完成如搬运卡盘、尾座等夹具时,应注意相互将动作协调一致。

(2)检查机床周围及工辅量具,不要在数控机床周围放置障碍物,工作空间应足够大。

(3)检查机床周围场地是否潮湿、油滑,应擦拭干净以防滑倒。

(4)操作前应熟悉数控机床的操作说明书。数控车床的开机、关机顺序,一定要按照机床说明书的规定操作。

(四)加工前的准备

(1)机床开始工作前要有预热,认真检查润滑系统工作是否正常,如机床长时间未开动,可先采用手动方式向各部分供油润滑。

(2)在每次电源接通后,必须先完成各轴的返回参考点操作,然后再进入其他运行方式,以确保各轴坐标位置的正确性。

(3)了解零件图的技术要求,检查毛坯尺寸、形状有无缺陷。选择合理的安装零件方法。安装零件检查是否夹紧,并且检查是否在机床加工行程范围内。

(4)使用的刀具应与机床允许的规格相符,并检查刀具是否锋利,否则要及时更换。

(5)调整刀具,工件等所用的工具不要遗忘在机床内。

(6)刀具安装后应进行一两次试切削。

(7)机床开动前,必须关好机床防护门。

(8)程序输入后要进行图形模拟和试运行检查,对刀路轨迹要仔细核对,在确定正确无误的情况下才可进入加工状态。

(五)数控车床加工过程中的要求

(1)手动对刀时,应注意选择合适的进给速度。

(2) 在单个零件的加工过程中，对刀具路径的第一次运行采用单段运行方法进行加工。

(3) 学生在操作练习过程中不得离开机床；操作者应该根据切削情况调整切削用量，使其达到最佳状态。

(4) 加工过程中，如有需要应先将进给速度调为零，再退出刀具。如出现异常危急情况可按下"急停"按钮，以确保人身和设备的安全。

(5) 加工过程中禁止用手接触刀尖和铁屑，清除铁屑必须停机后用铁钩子或毛刷来进行。

(6) 加工过程中禁止用手或其他任何方式接触正在旋转的主轴或工件等其他运动部位。

(7) 禁止在加工过程中测量工件，更不能用棉丝擦拭工件。

(8) 操作者在工作时更换刀具、工件，调整工件或离开机床时必须停机。

(9) 操作者在加工过程中要注意观察和听机床是否有异响，如有异常立刻停机并报告指导教师，以免出现危险。

(10) 如果是全封闭设备，在加工过程中不允许打开机床防护门。

(六) 加工完成后的要求

(1) 清除切屑、擦拭机床，使机床与周围环境保持清洁状态。

(2) 检查或更换机床导轨上磨损坏了的油毛毡。

(3) 检查润滑油、冷却液的状态，及时添加或更换。

(4) 依次关掉机床操作面板上的电源和总电源。

(5) 完毕后应清扫机床及工作场地，使其保持清洁，并整理工量具等辅助设备和设施。

(6) 操作者严禁修改机床参数。必要时必须通知设备管理员，请设备管理员修改。

四、活动内容

(一) 活动准备

1. 组织方式

全班同学分组，每两位或四位同学一组，定机定岗位完成以后各个项目的教学活动，按照企业岗位形式进行作业。

2. 生产准备

每位同学配备一套工作服及指定工位，每组一台数控车床及相关工具如下：

(1) 设备：每组数控车床一台。

(2) 工量具：每台数控车床配备常用工具，包括三爪卡盘、卡盘钥匙、刀架钥匙、借力杆、垫刀片、铁屑勾、毛刷、抹布。

(二) 任务布置

(1) 按着装要求穿戴劳防用品并由教师和同学互相检查。

(2) 按教学环境要求强调介绍。

(3) 按教师的讲解内容逐一完成。

(三) 任务实施

(1) 回顾安全培训教育要求(图 1-1)。

图 1-1 安全培训教育

(2) 对应图示要求检查服装和劳防用品(图 1-2)。

图 1-2 使用劳动保护用品

(3) 学习安全用电要求(图 1－3)。

图 1－3　安全用电

(4) 观察操作场地逃生通道(图 1－4)。

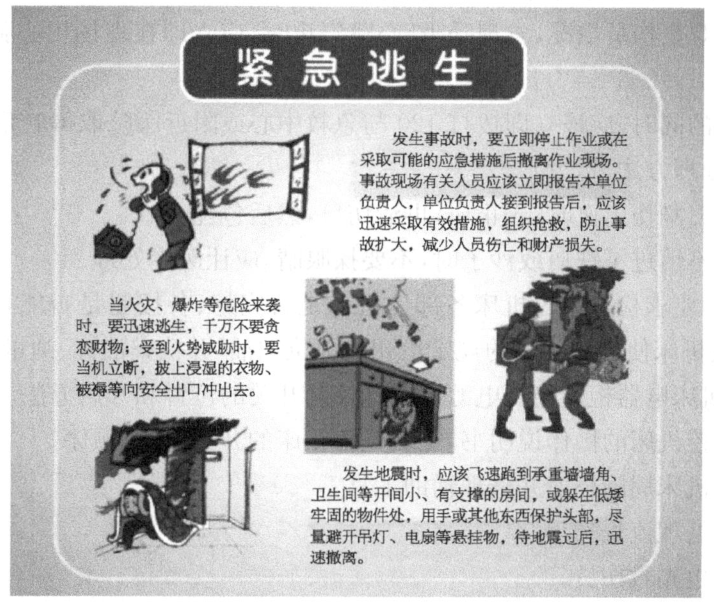

图 1－4　紧急逃生

(5) 观察防火消防设施(图 1－5)。

(6) 事故应急处理方法。

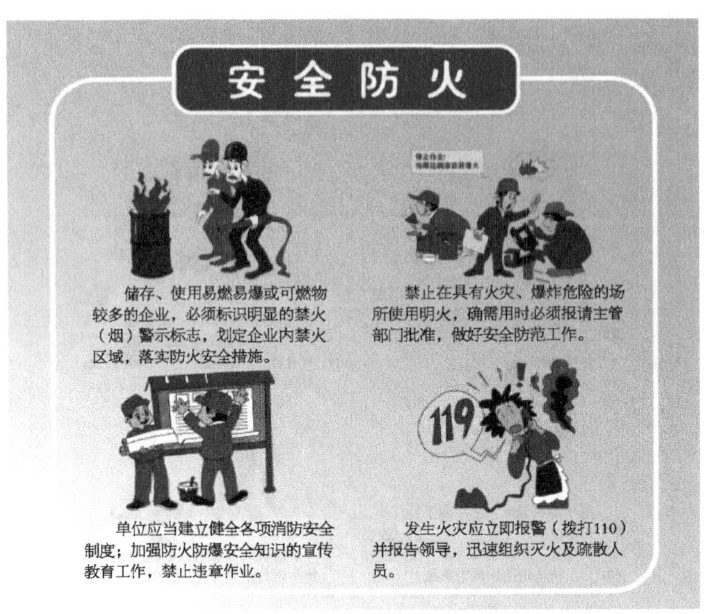

图 1-5 安全防火

① 迅速把伤员搬到安全地带,并与教师联系。

② 对伤员的救护要争分夺秒、就地抢救,动作迅速、果断,方法正确、有效。

③ 要认真观察伤员情况,发现呼吸、心跳停止时,应立即在现场用心肺复苏术进行就地抢救。

④ 在救护的同时,应该立即拨打 120 与急救中心或附近医院取得联系。

(7) 伤口处理方法。

① 外伤和刀割伤出血时,先止血,再清伤口,然后包扎。

② 眼睛里不慎进了铁屑或沙子时,不要揉眼睛,应让医生处理。

(8) 按教师要求检查数控机床各部件机构是否完好、各按钮是否能自动复位。开机前,操作者应按机床使用说明书的规定给相关部位加油,并检查油标、油量。

(9) 熟悉机床电器柜及稳压电源等电气控制开关的位置和开启方法。

(10) 按数控机床的操作说明书,完成数控车床的开机、关机顺序。

(11) 熟悉机床周围环境并整理辅助工具。

(12) 事故处理流程。

① 事故发生先救伤员。

② 保护操作现场。

③ 报告上级安全员,分析事故原因并明确职责。

④ 召开现场事故说明会,进行安全教育。

(13) 推选合适的学生担任安全员。

五、项目评价

<table>
<tr><td>班级</td><td></td><td>姓名</td><td>职业</td><td>数控车工</td><td colspan="3"></td></tr>
<tr><td colspan="5">操作日期　　日　　时　　分至　　日　　时　　分</td><td colspan="3"></td></tr>
<tr><td>序号</td><td colspan="2">考核内容及要求</td><td>配分</td><td>评分标准</td><td>自评</td><td>实测</td><td>得分</td></tr>
<tr><td rowspan="2">1</td><td rowspan="2">教师对着装的要求描述</td><td>听懂教师的描述</td><td>5</td><td>正确描述着装要求</td><td></td><td></td><td></td></tr>
<tr><td>是否按标准着装</td><td>5</td><td>着装迅速正确</td><td></td><td></td><td></td></tr>
<tr><td rowspan="3">2</td><td rowspan="3">机床通电操作步骤</td><td>检查电源</td><td>5</td><td>知晓电源开关位置及操作</td><td></td><td></td><td></td></tr>
<tr><td>检查润滑油箱及气压装置</td><td>15</td><td>会调整润滑油箱及启动空压机</td><td></td><td></td><td></td></tr>
<tr><td>检查刀具及刀架</td><td>15</td><td>会目测观察刀具安装位置</td><td></td><td></td><td></td></tr>
<tr><td rowspan="2">3</td><td rowspan="2">场地安全规范</td><td>知晓通道划分内容</td><td>10</td><td>正确描述通道内容</td><td></td><td></td><td></td></tr>
<tr><td>对学习岗位和训练场地熟悉</td><td>10</td><td>明确工作岗位及安全撤退路线</td><td></td><td></td><td></td></tr>
<tr><td rowspan="3">4</td><td rowspan="3">练习</td><td>练习次数</td><td>10</td><td>符合教师提出的要求</td><td></td><td></td><td></td></tr>
<tr><td>对练习内容是否理解和应用</td><td>15</td><td>正确合理地完成并能提出建议</td><td></td><td></td><td></td></tr>
<tr><td>互助与协助精神</td><td>10</td><td>同学之间是否互助和启发</td><td></td><td></td><td></td></tr>
<tr><td colspan="2">合　　计</td><td></td><td>100</td><td></td><td></td><td></td><td></td></tr>
<tr><td colspan="2">项目学习学生自评</td><td colspan="6"></td></tr>
<tr><td colspan="2">项目学习教师评价</td><td colspan="6"></td></tr>
</table>

六、项目作业

(1) 学生互相检查着装是否符合要求。

(2) 按操作规范练习开机步骤。

(3) 按操作规范练习关机步骤。

(4) 分组检查机床操作过程中的要求，要求学生面对工位及操作工具、叙述对应的操作步骤。

七、项目拓展

了解现代企业现场管理 6S(HSE)制度：

20 世纪末，日本丰田公司提出倡导并实施 5S 管理，1987 年起中国企业开始引进 5S 管理。海尔集团在 5S 现场管理的基础上，结合国家如火如荼的安全生产活动将安全也纳入 5S 管理内容，也就形成了今天的 6S 管理。“6S”指的是 SEIRI(整理)、SEITON(整顿)、SEISO(清扫)、SEIKETSU(清洁)、SAFETY(安全)及 SHITSUKE(素养)这六项，因为六个单词的第一个字母都是“S”，所以统称为“6S”。这是在生产现场中对人员、机器、材料、行为、环境等生产要素进行有效管理的一种方法。

1. SEIRI(整理)

整理工作就是按物品的使用频率,以取用方便,尽量把寻找物品时间缩短为0 s为目标,将人、事、物在空间和时间上进行合理安排,这是开始改善现场的第一步,也是6S中最重要的一步。如果整理工作没做好,以后的5个S就像沙土上建起的城堡那样不牢靠。这项工作的重点在于培育心理强度,坚决将现场不需要的物品彻底清理出去。现场无不常用物,行道畅通,减少了磕碰和可能的错拿错用,这样既可以保证工作效果,还可以提高工作效率,更重要的是可以保障现场的工作安全。所以有的公司就提出口号:效率和安全始于整理!

2. SEITON(整顿)

整顿工作就是在整理的基础上再把需要的人、事、物加以定量、定位,创造一个一目了然的现场环境。将现场物品按照方便取用的原则进行合理摆放后,操作中的对错便能更易于控制和掌握,有利于提高工作效率,保证产品品质,保障生产安全。

3. SEISO(清扫)

清扫工作就是认真进行现场、设备仪器和管道的卫生清扫,在一个干净的环境中,通过设备点检、管道巡视,异常现象便能迅速发现并得到及时处理,使之恢复正常,这是安全隐患得到发现和治理的重要方法,也是"安全第一,预防为主"方针的最好落实和贯彻。清扫工作之所以如此有必要,是因为在生产过程中产生的灰尘、油污、铁屑、垃圾等,会使现场变脏、设备管道污染,导致设备精度降低,故障多发,影响产品质量,使安全事故防不胜防;脏的现场更会影响员工的工作情绪,产生懈怠麻痹思想,不够认真,操作失误,排障不彻底、不及时,导致安全事故的发生。因此,必须通过清扫活动来清除脏污,营造一个明快、舒畅、高效率的工作现场。

4. SEIKETSU(清洁)

清洁工作就是为保持维护整理、整顿、清扫的成果,使现场保持安全生产的适宜状态,引入被赋予全新内涵的"清洁"概念,即通过将前三项活动的制度化来坚持和深入现场的管理改善,从而更进一步地消除发生安全事故的根源,即为"治本",以创造一个人本至上的工作环境,使员工能愉快无忧地工作。

5. SAFETY(安全)

安全工作是指以HSE管理体系,执行行为准则,建立安全的工厂、科学的管理、安全的设备、安全的工作行为。安全就是消除工作中的一切不安全因素,杜绝一切安全隐患;就是要求在工作中严格执行操作规程,严禁违章作业;时刻注意安全,时刻注重安全。

6. SHITSUKE(素养)

素养即平日之修养,指正确的待人接物处事的态度。实验得出结论:一种行为被多次重复就有可能成为习惯。通过制度化的现场管理改善推进,规范员工行为,培养良好职业风范,并辅以自觉自动工作生活文化的宣导,达到全面提升员工素养的目的。培养工作、安全无小事的认真态度,有制度就严格按制度行事的职业风范,持续改善的进取精神,已成为"6S"管理螺旋式上升循环永远的起点和终点。

项目二 数控车床基本操作练习

一、项目描述

通过本项目的学习，学生可以掌握数控车床的基本操作。学生在教师指导下能够完成机床操纵（机床正反转、刀架转动、各轴的移动、程序调用、图形模拟等），并在完成任务过程中养成良好的职业道德和文明生产习惯。

二、项目目标

1. 知识目标

（1）掌握数控车床的基本操作。

（2）能熟练运用机床面板上的各个按钮的功能。

2. 技能目标

（1）机床卡盘在 MDI、手动方式下进行正反转转动。

（2）刀架的转动。

（3）各轴在手轮方式下的移动。

（4）程序的调用和图形模拟。

3. 素质目标

（1）能熟练运用面板上的按钮进行机床的基本操作。

（2）在加工过程中操作步骤符合数控车床安全技术规范。

三、专业知识

（一）FANUC－0i 系统数控车床系统操作设备

下面以 FANUC－0i 系统数控车床系统来介绍数控车床的系统操作设备，它主要由 CRT/MDI 单元、MDI 键盘和功能键等组成。

1. CRT/MDI 单元

图 2－1 所示为 FANUC－0i 系统的 CRT/MDI 单元。

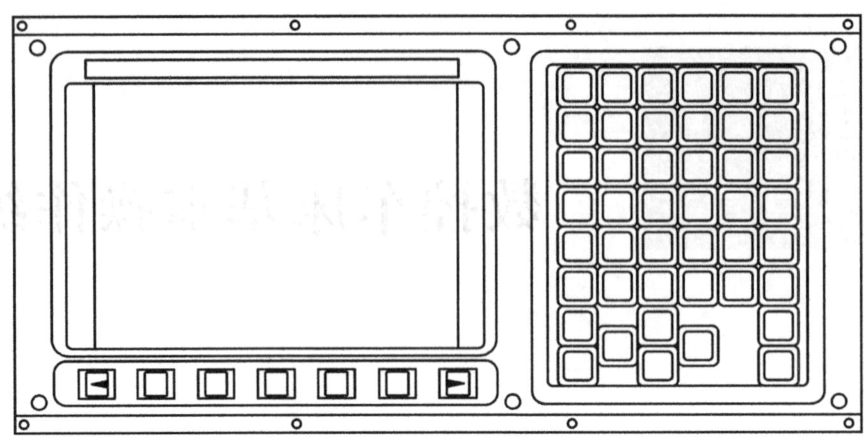

图 2-1　CRT/MDI 单元

2. MDI 键盘的布局及各键的功能

图 2-2 为 FANUC-0i 系统的 MDI 键盘的布局示意图，各键的名称和功能见表 2-1。

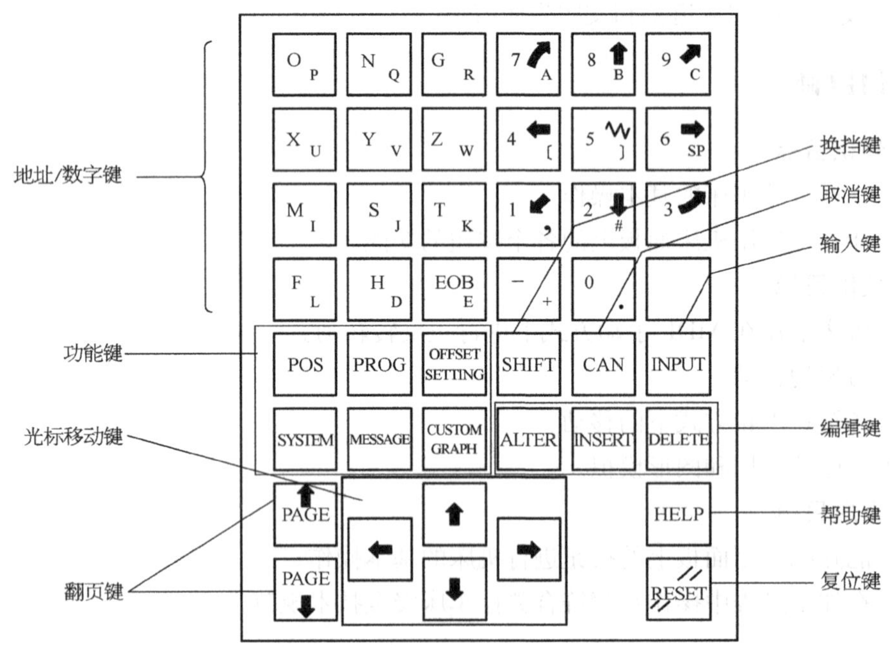

图 2-2　MDI 键盘的布局示意图

表 2-1　MDI 键盘功能说明

序号	名　称	功　能
1	复位键	按此键可使 CNC 复位，用以消除报警等
2	帮助键	按此键用来显示如何操作机床，如 MDI 键的操作，可在 CNC 发生报警时提供报警的详细信息

（续表）

序号	名　　称	功　　能
3	地址和数字键 N Q　4 ⬅ [	按这些键可输入字母、数字及其他字符
4	软键	根据其使用场合，软键有各种功能。软键功能显示在CRT屏幕的底部
5	换挡键	在有些键的顶部有两个字符，按（SHIFT）键来选择字符。当一个特殊字符在屏幕上显示，表示键面右下角的字符可以输入
6	输入键	当按了地址或数字键后，数据被输入到缓冲器，并在CRT显示器显示出来。为了把键入输入缓冲器中的数据拷回到寄存器，按（INPUT）键。这个键相当于软键的（INPUT）键，按此两键的结果是一样的
7	取消键 CAN	按此键可删除已输入缓冲器的最后一个字符或符号
8	程序编辑键 ALTER　INSERT　DELETE	当编辑程序时按这些键： ALTER ：替换；INSERT ：插入；DELETE ：删除
9	功能键 POS　PROG	按这些键，用于切换各种功能显示画面
10	光标移动键 ⬅ ⬆ ⬇ ➡	这是四个不同的光标移动键： ➡ 这个键是用于将光标朝右或前进方向移动，在前进方向光标按一段短的单位移动。 ⬅ 这个键是用于将光标朝左或倒退方向移动，在倒退方向光标按一段短的单位移动。 ⬇ 这个键是用于将光标朝下或前进方向移动，在前进方向光标按一段大尺寸单位移动。 ⬆ 这个键是用于将光标朝下或倒退方向移动，在倒退方向光标按一段大尺寸单位移动

(续表)

序号	名　　称	功　　能
11	翻页键 PAGE ↑ PAGE ↓	这两个翻页键的说明如下： PAGE ↑　这个键是用于在屏幕上朝前翻一页 PAGE ↓　这个键是用于在屏幕上朝后翻一页

1）功能键

用于选择显示的屏幕(功能)类型,按了功能键后,一按软键(节选择软键),与已选功能相对应的屏幕(节)就被选中。图2-3为功能键和软键的画面。

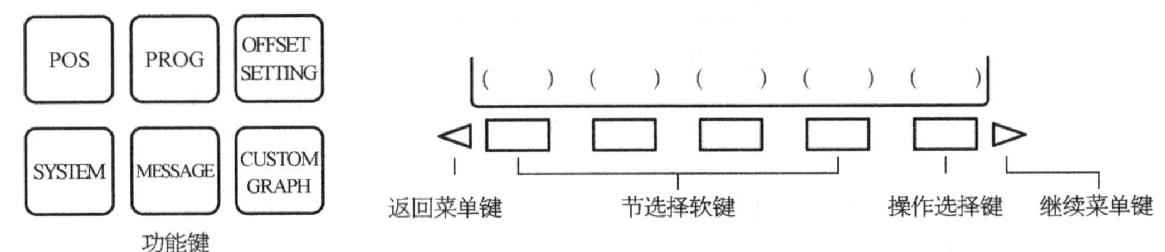

图2-3　功能键和软键的画面

功能键提供了选择要显示的画面类型,下述为功能键在MDI面板上的作用。

(1) POS键：按此键显示位置画面。

(2) PROG键：按此键显示程序画面。

(3) OFFSET　SETTING键：按此键显示刀偏/设定(SETTING)画面。

(4) SYSTEM键：按此键显示系统画面。

(5) CUSTOM　GRAPH键：按此键显示图形模拟画面。

(6) MESSAGE键：按此键显示用户宏画面。

2）软键

为了显示更详细的画面,在按了功能键之后紧接着按软键,在实际操作中也很有用,下面说明按了各个功能键后软键显示是如何改变的(图2-4)。

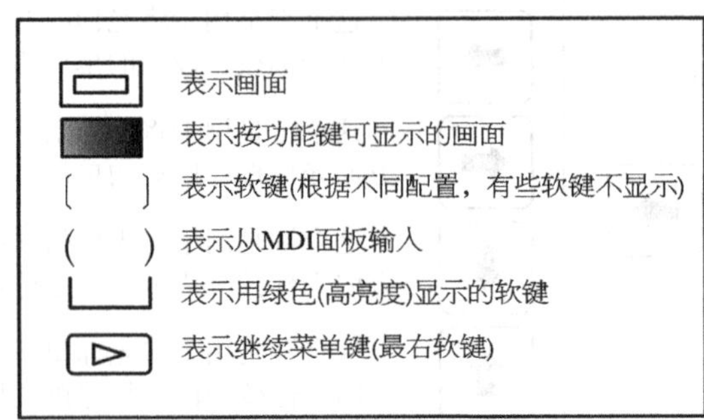

图2-4　软键的含义

（二）FANUC－0i 系统数控车床机床操作设备

下面以配置 FANUC－0i 系统数控车床为例来介绍数控车床的操作面板组成及其功能。图 2－5 为 FANUC－0i 系统数控车床机床操作面板图。

图 2－5 FANUC－0i 系统数控车床机床操作面板图

表 2－2 为操作面板上各开关及按钮的功能与使用方法介绍。

表 2－2 操作面板上各开关及按钮的功能与使用方法

序号	类别	按 钮	名称	功 能 说 明
1	电源开关	OFF ON	机床总电源开关	机床总电源开关一般位于机床的背面，在使用时必须先将主电源开关置于“ON”
		系统启动	机床电源开	按下按钮“系统启动”，机床处于自检状态，并向机床润滑、冷却等机械部分及系统供电
		系统停止	机床电源关	按钮“系统停止”为关闭系统电源的开关
2	紧急按钮		紧急停止按钮	当出现紧急情况而按下该按钮时，机床及 CNC 装置随即处于急停状态。要消除急停状态，可顺时针转动急停按钮，使按钮向上弹起，并按下复位键“RESET”即可

(续表)

序号	类别	按钮	名称	功能说明
3	工作方式选择键	工作方式 手动 自动 MDI 编辑 手摇 回零	手动方式	手动连续进给,配合进给方向键进行各轴的连续进给
			自动方式	按下该按钮,可进行自动加工和图形模拟操作
			MDI方式	在该状态下,可以在输入了单一的指令或几条程序段后,立即按下循环启动按钮使机床动作,以满足操作需要
			编辑方式	按下该按钮,可以对储存在内存中的程序数据进行编辑操作
			手摇方式	配合手摇脉冲发生器可进行各轴的手摇移动操作
4	操作选择键	操作选择 单段 空运行 跳选 锁住 选择停 回零 冷却 照明 DNC	单段	按下该按钮后,每按一次循环启动按钮,机床将执行一段程序后暂停。再次按下循环启动,则机床再执行一段程序后暂停。采用这种方法可对程序及操作进行检查
			空运行	按下该按钮后,在自动运行过程中刀具按机床参数指定的速度快速运行。该功能主要用于检查刀具的运行轨迹是否正确
			跳选	按下该按钮后,程序段前加"/"符号的程序段将被跳过执行
			锁住	按下该按钮后,刀具在自动运行过程中的移动功能将被限制执行,但能执行 M、S、T 指令。系统显示程序运行时刀具的位置坐标
			冷却	冷却泵开关
			照明	打开机床内照明灯
5	循环启动执行按钮	循环	左侧为循环启动按钮	按下"循环启动"按钮,机床自动运行加工程序
			右侧为进给保持按钮	在机床循环启动状态下,按下"进给保持",程序运行及刀具运动将处于暂停状态,其他功能不变,再次按下启动按钮,机床重新进入自动运行状态
6	轴选择按钮	X↑ Z← →Z X↓	进给方向键	在手动方式下进行各轴的快速移动

（续表）

序号	类别	按　钮	名称	功　能　说　明
6	轴选择按钮	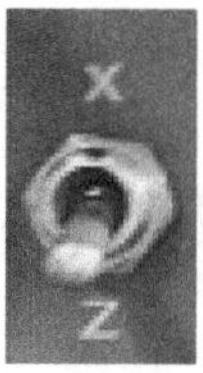	轴选择键	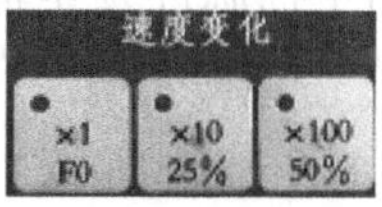  在手摇方式下先选择进给轴，再选择（×1、×10、×100）的增量步长，转动手摇脉冲发生器即可移动滑板，每次只能移动一个坐标轴。手摇脉冲发生器顺时针旋转方向为正向进给方向，逆时针旋转方向为反向进给方向
7	主轴功能	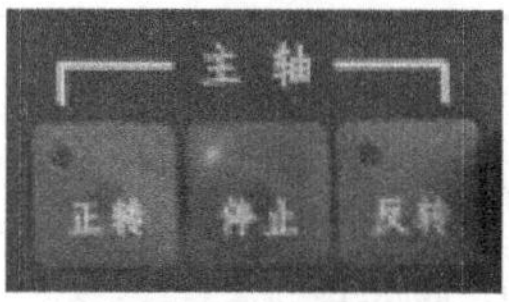	主轴正、反转及停止按钮	在手动和手摇方式下进行主轴的正、反转及停止转动操作
8	进给倍率	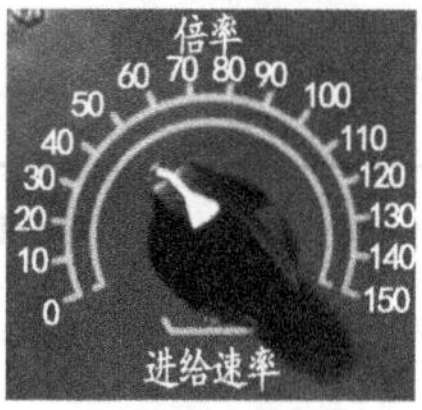	进给倍率控制按钮	在自动方式下运行程序时，用来控制进给量的倍率（0～150%）

（三）电源接通前的检查

在机床主电源开关接通之前，操作者必须做好下面的检查工作：

（1）检查机床的防护门、电箱门等是否关闭。

（2）检查润滑装置上油标的液面位置。

（3）检查切削液的液面是否高于水泵吸入口。

（4）检查是否遵守了“机床使用说明书”中规定的注意事项。

当检查以上各项均符合要求时，方可合上机床主电源开关，机床电源灯亮，风扇启动，润滑泵、液压泵启动。

（四）机床的基本操作

1. 机床回零

由于本书介绍的机床为大连机床厂生产的CKA6136i数控车床，本机采用绝对式编码器作为检测装置，故回零操作只需开、关机即可，不需再用其他回零操作。

2. 手动连续进给

选择手动方式，用进给方向键进行各轴的连续移动。

3. 手轮移动

选择手摇方式,用轴选择按钮选择所要移动的轴,再通过速度变化按钮选择所需要的移动速度,用手摇脉冲发生器移动各轴(注意移动时的"+""-"方向)。

4. 主轴旋转

(1) 在MDI方式下(图2-6),输入"M03 S800";按"插入"键,按"循环启动"键,使机床正转。

(2) 在手动或手摇方式下,用主轴正、反转按钮进行主轴的正、反转操作。

5. 刀架旋转

在MDI方式下,输入"T0200";按"插入"键,按"循环启动"键,完成刀架的旋转操作。

```
程式(MDI)
O0000  M03  S800;
%

                                   S    0    T0102
MDI STOP *** ***      00:01:43
〔BG-EDT〕〔      〕〔检索↓〕〔检索↑〕〔REWIND〕
```

图2-6 MDI方式

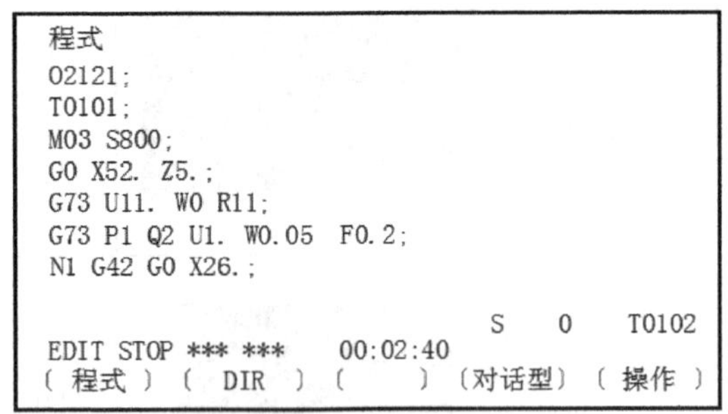

图2-7 程序编辑界面

6. 程序的调用

在编辑方式下,按程序键,进入程序编辑界面(图2-7),输入所需的程序名,按向下光标移动键,调出所需的程序。

7. 图形模拟

调出程序后,在自动方式下,按图形显示键,进入图形参数显示界面(图2-8)。

按"图形"软键,进入图形显示界面(图2-9),按"操作"软键,进入绘图显示界面(图2-10),按"PROCES"软键,进行程序图形模拟(图2-11)。

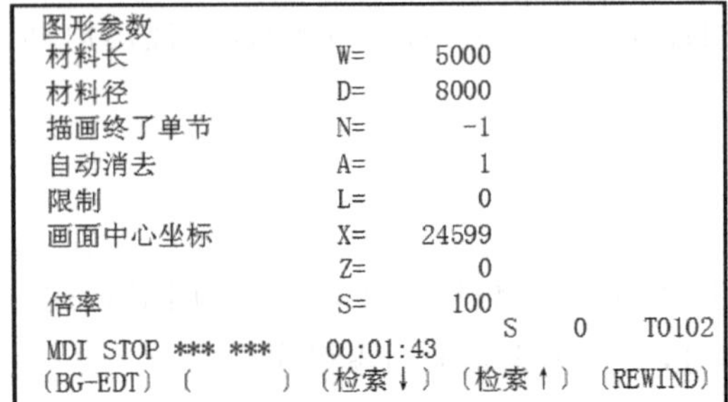

图2-8 图形参数显示界面

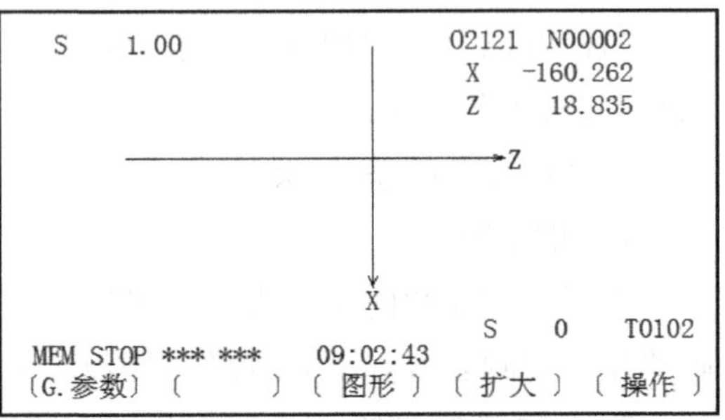

图2-9 图形显示界面

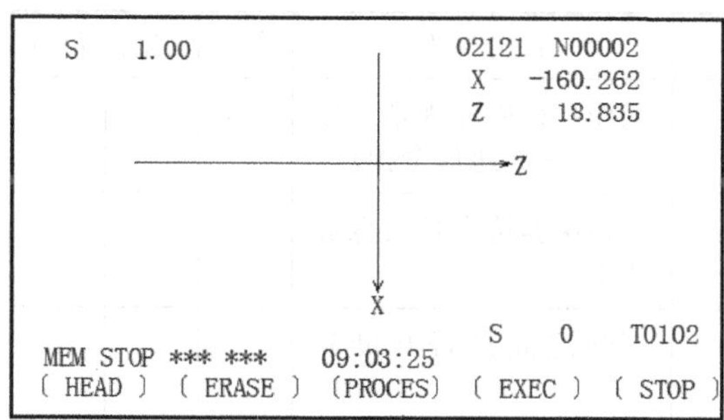

图 2-10　绘图显示界面

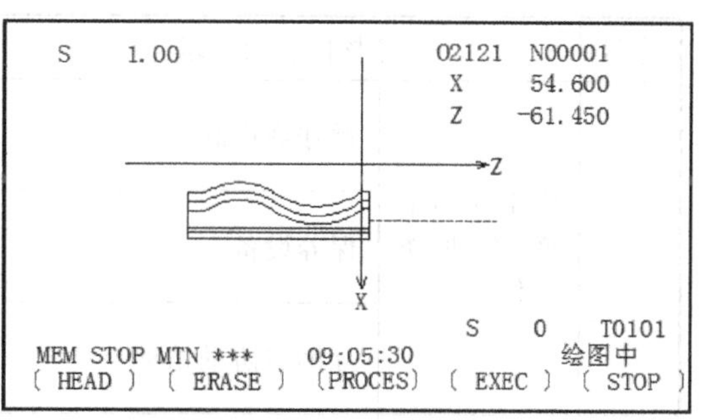

图 2-11　程序图形模拟

四、活动内容

（一）活动准备

设备：CK6136i 数控车床。

（二）任务要求

（1）机床开关机。

（2）手动、手摇操作。

（3）主轴与刀架的旋转。

（4）程序调用与图形模拟。

五、项目评价

<table>
<tr><td>班级</td><td colspan="2"></td><td>姓名</td><td></td><td>职业</td><td>数控车工</td><td>零件图号</td><td colspan="3">盘类零件加工</td></tr>
<tr><td colspan="7">操作日期　　日　　时　　分至　　日　　时　　分</td><td></td><td colspan="3"></td></tr>
<tr><td>序号</td><td colspan="4">考核内容及要求</td><td>配分</td><td colspan="2">评分标准</td><td>自评</td><td>实测</td><td>得分</td></tr>
<tr><td>1</td><td>机床开关机</td><td colspan="3">检查机床，按要求开关机</td><td>5</td><td colspan="2">完成开关机操作</td><td></td><td></td><td></td></tr>
<tr><td rowspan="2">2</td><td rowspan="2">手动、手摇操作</td><td colspan="3">手动方式下，移动各个轴</td><td>15</td><td colspan="2">操作错一次扣 5 分</td><td></td><td></td><td></td></tr>
<tr><td colspan="3">手摇方式下，移动各个轴</td><td>15</td><td colspan="2">操作错一次扣 5 分</td><td></td><td></td><td></td></tr>
<tr><td rowspan="3">3</td><td rowspan="3">主轴与刀架的旋转</td><td colspan="3">MDI 方式下，旋转主轴</td><td>10</td><td colspan="2">操作错误扣除该挡全部分数</td><td></td><td></td><td></td></tr>
<tr><td colspan="3">手动/手摇方式下，旋转主轴</td><td>10</td><td colspan="2">操作错误扣除该挡全部分数</td><td></td><td></td><td></td></tr>
<tr><td colspan="3">MDI 方式下，转动刀架</td><td>10</td><td colspan="2">操作错误扣除该挡全部分数</td><td></td><td></td><td></td></tr>
<tr><td rowspan="2">4</td><td rowspan="2">程序的调用与图形模拟</td><td colspan="3">程序的调用</td><td>5</td><td colspan="2">程序调用正确</td><td></td><td></td><td></td></tr>
<tr><td colspan="3">图形模拟</td><td>15</td><td colspan="2">操作错一次扣 5 分</td><td></td><td></td><td></td></tr>
</table>

（续表）

序号	考核内容及要求		配分	评分标准	自评	实测	得分
5	安全文明生产及协作工作	遵守规章制度	5	操作过程遵守规章制度（发生一起违规全扣）			
		保养设备	5	设备保养符合日常保养要求			
		互助与协助精神	5	同学之间是否互助和启发			
合　　计			100				
项目学习学生自评							
项目学习教师评价							

项目三　仿真软件的应用

一、项目描述

通过本项目的学习，学生可以掌握程序输入、图形模拟、刀具补偿设定、仿真加工等数控加工的基本操作动作。学生在教师指导下能够在电脑上完成程序输入、对刀、仿真加工任务，并在完成任务过程中养成良好安全、文明的生产习惯，为上机实际操作做好准备。

二、项目目标

（一）知识目标

(1) 掌握仿真软件的使用方法。

(2) 能熟练运用仿真软件完成零件的仿真加工。

（二）技能目标

(1) 能正确输入所要加工零件的程序及进行图形模拟。

(2) 能进行对刀操作并完成刀具补偿的输入。

(3) 能完成零件的仿真加工和零件检测。

（三）素质目标

(1) 通过仿真软件的提示解决程序中出现的问题。

(2) 熟练完成对刀操作，防止在实际加工操作中出错。

三、专业知识

（一）软件介绍

宇龙数控仿真软件是加工运行全环境仿真，仿真数控程序在自动运行和 MDI 运行模式下，实现三维工件的实时切削，加工轨迹的三维显示；提供刀具补偿和坐标系设置等系统参数的设定，模拟出实际车削时的效果。

（二）数控车床面板功能介绍(FANUC－0i)

1. CRT/MDI 数控操作面板

CRT/MDI 数控操作面板如图 3－1 所示，按钮说明见表 3－1。

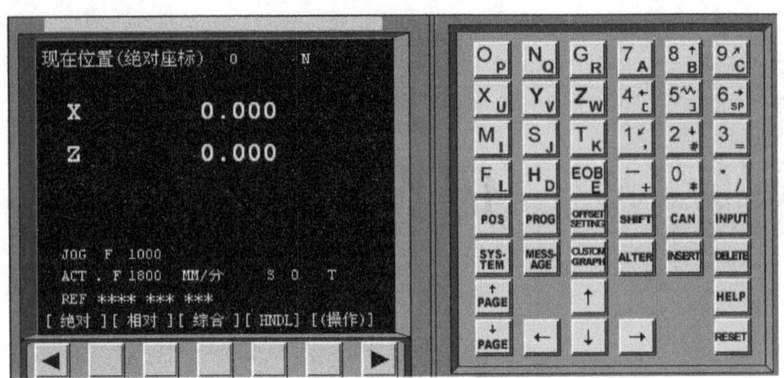

图 3-1 CRT/MDI 数控操作面板

表 3-1 CRT/MDI 数控操作面板按钮说明

按 键	功 能
◀	由中间的 5 个软键选择操作功能后,按此键返回最初状态
▶	用于显示当前画面未能显示完的内容
POS	位置键,用于显示当前数控车床位置的显示
PROG	程序键,用于程序的显示。在编辑方式下,编辑、显示存储器中的程序;在手动数据输入方式下(MDI),输入、显示手动输入数据;在车床自动运动方式下,显示程序指令
OFFSET SETTING	偏置量键,用于设定和显示刀具的偏置量和宏程序变量
CUSTOM GRAPH	图形显示键,用于图形的显示
MESS-AGE	报警操作键,用于报警信号的显示
SYS-TEM	参数诊断键,用于系统参数的设定和显示集自诊断数据的显示
INPUT	输入键,用于输入参数和刀具补偿值等,也可以用于输入/输出设备的输入开始
G R 7 A	地址/数字键,可用于地址或数值及符号
ALTER	替换键,用于程序的修改
INSRT	插入键,用于程序的输入、插入;也可用于新程序的建立

（续表）

按　键	功　　　能
DELET	删除键，用于程序的删除，还可删除某一程序内容
EOB E	结束键，程序段的结束信号
CAN	取消键，用于删除最后一个进入输入缓存区的字母或符号
RESET	复位键，用于解除报警，使数控系统复位；停止机床的所有运动

2. 机床操作面板

机床操作面板如图 3－2 所示，按钮说明见表 3－2。

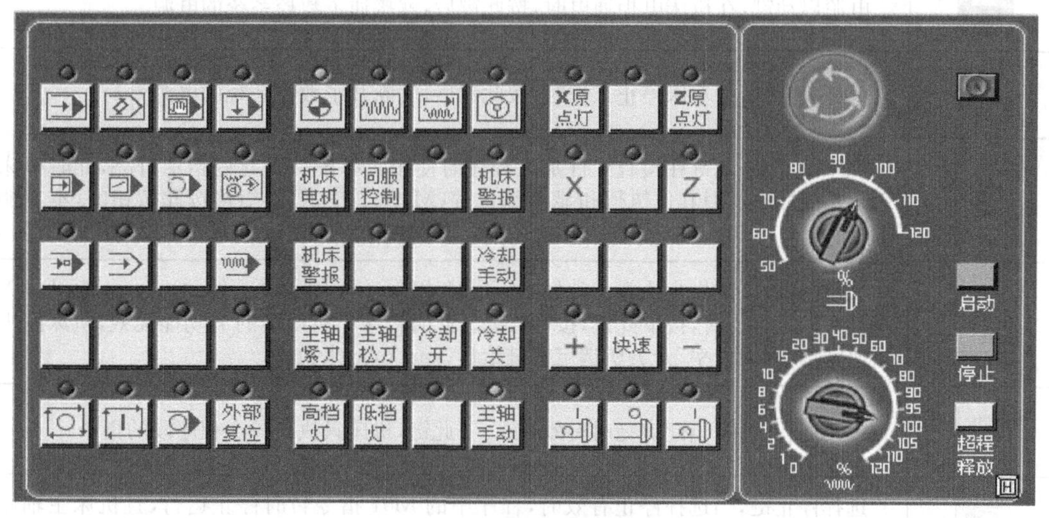

图 3－2　机床操作面板

表 3－2　机床操作面板按钮说明

按　键	功　　　能
	编辑状态，在此状态下，可以把程序输入 NC 控制系统，还可以对编入的程序进行修改、插入和删除
	自动状态，在此状态下，机床可按照存储的程序进行自动加工
	手动数据输入状态，在此状态下，用 MDI 键盘直接将程序直接输入到存储器内，并立即运行
	手动脉冲方式，在此状态下，可转动手摇轮使机床滑板沿 X 轴或 Z 轴移动

(续表)

按 键	功 能
	手动操作状态,让机床滑板移动
	回零状态,用“点动”键分别操控机床滑板返回参考点。移动速度由“快速倍率”开关设定
	“进给倍率”旋钮,用于自动和手动状态进给速度的控制
	“主轴倍率”旋钮,可以改变主轴的转速,此开关在任何工作状态下均起作用
启动	电源启动键,在机床电柜通电时,按此键后,就接通了数控系统的电源
停止	电源关断键,在车床停止工作时,按此键后,就断开了数控系统的电源
	机床锁定键,此键在检查工件加工程序时使用。单按一下此键指示灯亮,此时机床刀架不能移动。但其他执行和显示都正常(M,S,T 正常)。当再按此按钮时,本功能取消
	试运行键,该键作为检查工件加工程序时使用(不允许安装工件实施)。在自动或手动数据输入运行时,按下此键,按键灯亮。此时程序中所设定的 F 功能无效,机床的进给速度按“进给倍率”开关所选定的进给量(mm/min)来执行
	单段运行按钮,当此键亮时有效,按一下此键,机床只执行一个程序段的指令
	选择停止键,当选择停止有效时,程序中的 M01 指令暂时停止运行,且机床主轴停转,冷却停止。若要继续执行下面的程序,按循环启动
	程序跳段键,在此键有效时,运行程序中带有“/”符的程序段不执行。在此键无效时,程序中带有“/”符的程序段也执行
	循环启动键,在自动或手动状态下,按下此键程序和命令将开始执行
	循环保持键,在自动或手动状态下,按下此键机床的刀具停止移动但 M,S,T 功能仍然有效

3. 数控加工仿真系统操作

1) 机床选择

点击菜单栏上的机床选择按钮 ,选择 FANUC－0i 控制系统,车床(平床身前置刀架)(图 3－3)。

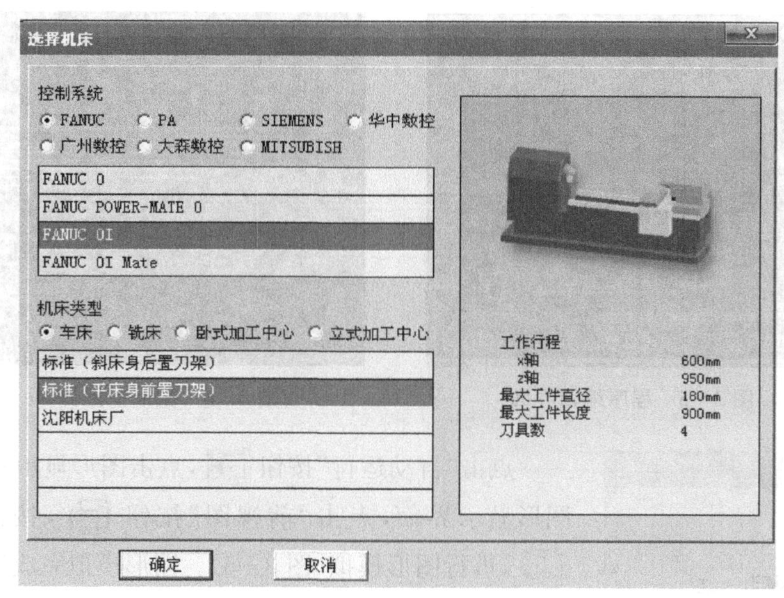

图 3-3　机床选择界面

2）启动激活车床

单击“启动”按钮，此时车床电动机指示灯和伺服控制的指示灯变亮。

单击“急停”按钮，将其松开。

3）车床回参考点

检查操作面板上“回原点指示灯”是否点亮，若指示灯亮，则已进入回原点模式；若指示灯不亮，则单击“回原点”按钮，转入回原点模式。

在回原点模式下，先将 X 轴回原点，单击操作面板上的“X 轴选择”按钮 X，使“X 轴方向移动指示灯”变亮，单击“正方向移动”按钮 +，此时 X 轴将回原点，“X 轴回原点灯”变亮，CRT 上的 X 坐标变为“390.00”。同样，再单击“Z 轴选择”按钮 Z，使指示灯变亮，单击“正方向移动”按钮，Z 轴将回原点，“Z 轴回原点灯”变亮，此时 CRT 界面(图 3-4)。

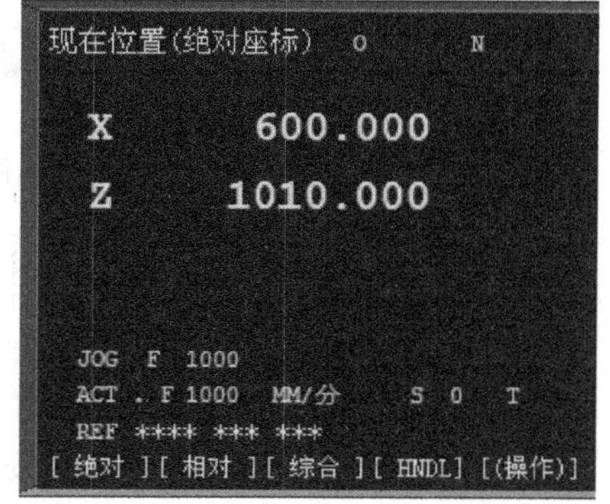

图 3-4　参考点坐标

4）程序输入

点击“编辑”按钮，点击程序键 PROG，进入程序编辑界面(图 3-5)，输入程序。

5）图形模拟

将程序光标回到程序顶端。在编辑状态按复位键 RESET。

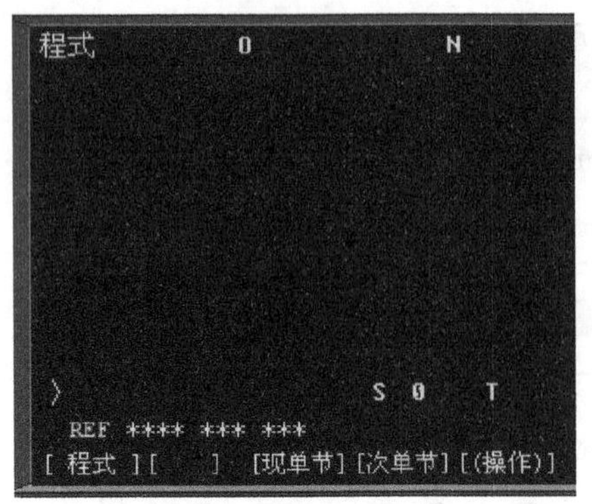

图 3-5 程序编辑界面

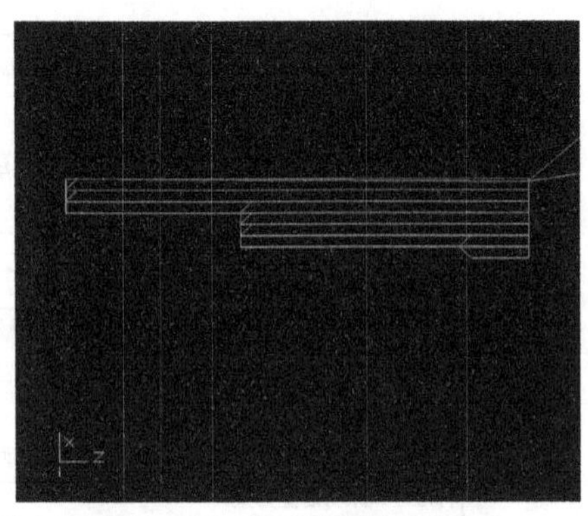

图 3-6 图形模拟界面

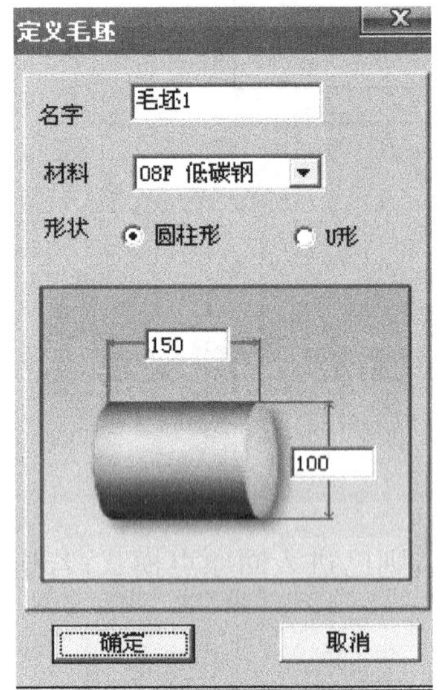

图 3-7 定义毛坯界面

点击“自动运行”按钮，点击图形显示键，进入图形显示界面，点击“前视图”按钮，按循环启动键，进行图形模拟(图 3-6)。图形模拟完成后，再按图形显示键，回到机床显示界面。

6) 工件的定义和使用

点击“定义毛坯”按钮，进入定义毛坯界面(图 3-7)，按图纸要求输入零件的直径和长度。

点击“放置零件”按钮，进入选择零件界面(图 3-8)，选择零件，点击“安装零件”。

按动“+”“—”按钮(图 3-9)，调整零件位置，按“退出”按钮，完成零件的装夹。

7) 选择刀具

点击“选择刀具”按钮，进入刀具选择界面。选择

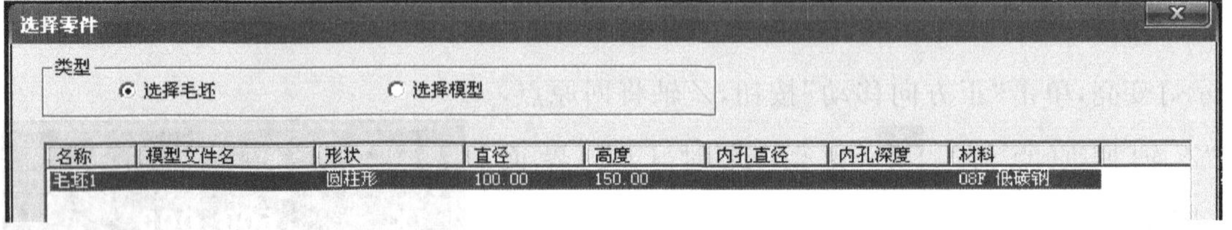

图 3-8 选择零件界面

一号刀位、35°刀片、外圆刀柄、93°主偏角，按“确定”，完成刀具的安装(图 3-10)。

8) 手动操作

(1) MDI 方式：点击“MDI”按钮，点击程序键，进入 MDI 编辑界面(图 3-11)。

图 3-9 调整零件位置

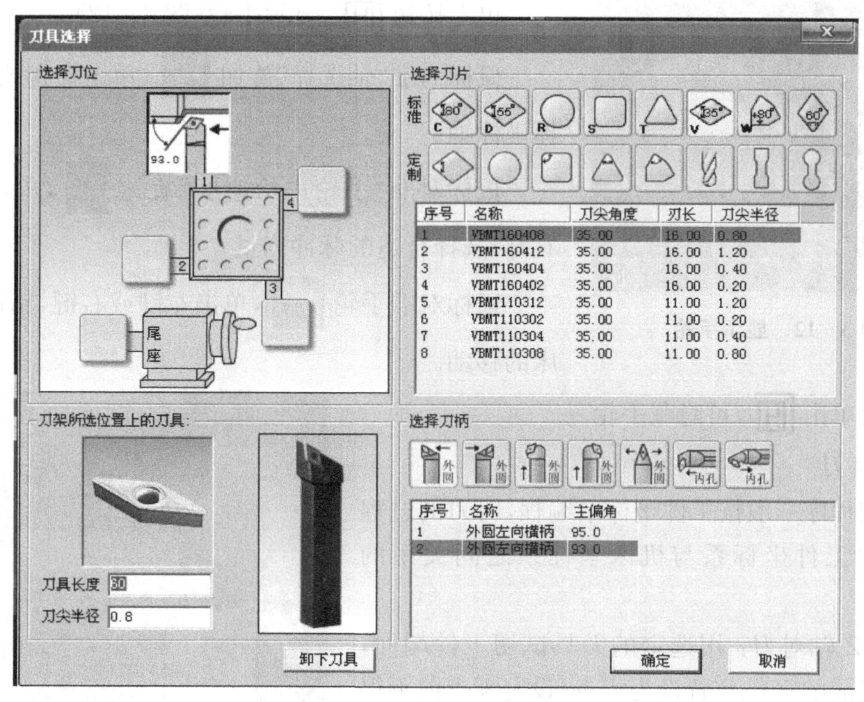

图 3-10　刀具选择界面

输入“M03 S800”；按“插入”按钮 INSRT ，点击循环启动键，完成卡盘旋转动作。

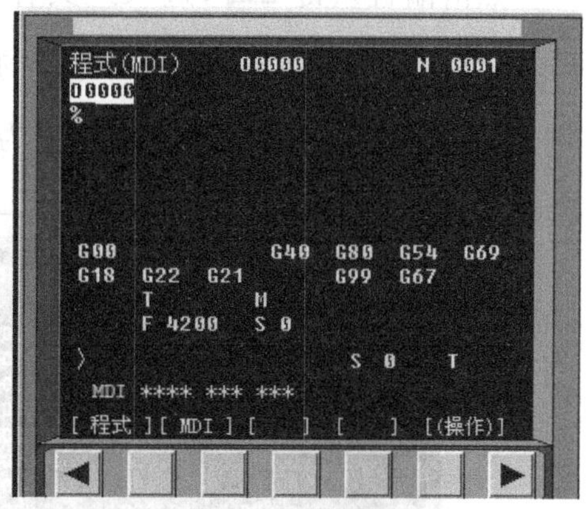

图 3-11　MDI 编辑界面

(2) 手动/连续方式：单击操作面板上的“手动”按钮 ，机床进入手动模式。

分别单击 X ， Z 按钮，选择移动的坐标轴。

分别单击 + ， − 按钮，控制机床的移动方向。

单击 ， ， 按钮，控制主轴的转动和停止。

注意： 刀具切削零件时，主轴须转动。加工过程中刀具与零件发生非正常碰撞后(非正常碰撞包括车刀的刀柄与零件发生碰撞等)，系统弹出警告对话框，同时主轴自动停止转动，调整到适当位置，继续加工时需再次单击 ， ， 按钮，使主轴重新转动。

(3) 手动脉冲方式：在手动/连续方式或在对刀，需精确调节机床时，可用手动脉冲方式调节机床。

单击操作面板上的“手动脉冲”按钮 ，使指示灯变亮。

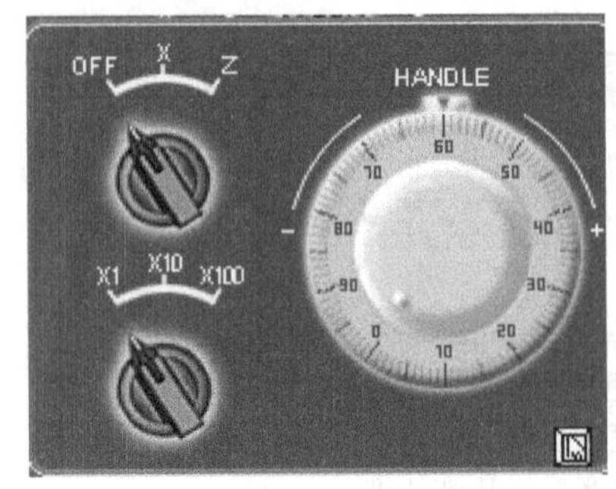

图 3-12　显示手轮

单击按钮，显示手轮(图 3-12)。

鼠标对准“轴选择”旋钮，单击左键或右键，选择坐标轴。

鼠标对准“手轮进给速度”旋钮，单击左键或右键，选择合适的脉冲当量。

鼠标对准手轮，单击左键或右键，精确控制机床的移动。

再次单击，可隐藏手轮。

9) 对刀

数控程序一般按工件坐标系编程，对刀的过程就是建立工件坐标系与机床坐标系之间关系的过程。

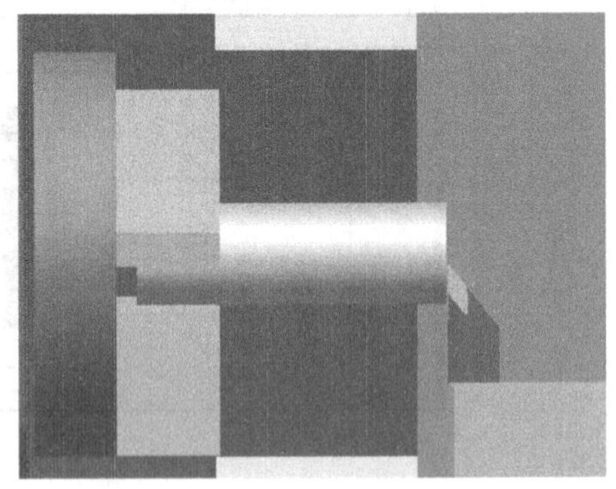
图 3-13　*Z* 轴对刀

(1) *Z* 轴对刀：用选定的刀具试切工件端面，将刀具当前的 *Z* 轴位置设为零点(设定零点前不得有 *Z* 轴位移)(图 3-13)。

点击偏置量键，进入工具补正界面。按“形状”软键，用方位键 ↑，↓ 选择所需的序号(图 3-14 中的“番号”)，输入“Z0”，按软键“测量”，则将 *Z* 轴的当前坐标值设为坐标原点。

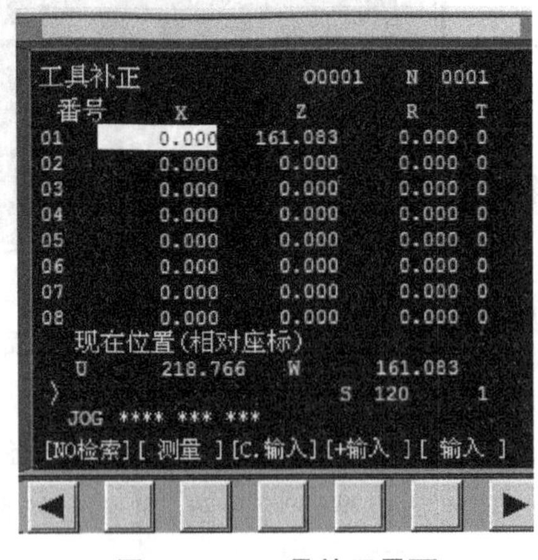

图 3-14　工具补正界面

图 3-15　*X* 轴对刀

(2) *X* 轴对刀：用选定的刀具试切工件外圆，将刀具当前的 *X* 轴位置设为相对零点(设定零点前不得有 *X* 轴位移)(图 3-15)。

进入工具补正界面内所选的序号，输入当前所切外圆台阶的测量值(按菜单栏上的

“测量”按钮 测量(T) ，选择“剖面图测量”，进入工件测量界面，选定所加工的外圆，直接读出测量值)(图 3-16)。按软键“测量”，则将 X 轴的当前坐标值设为相对坐标原点(图 3-17)。

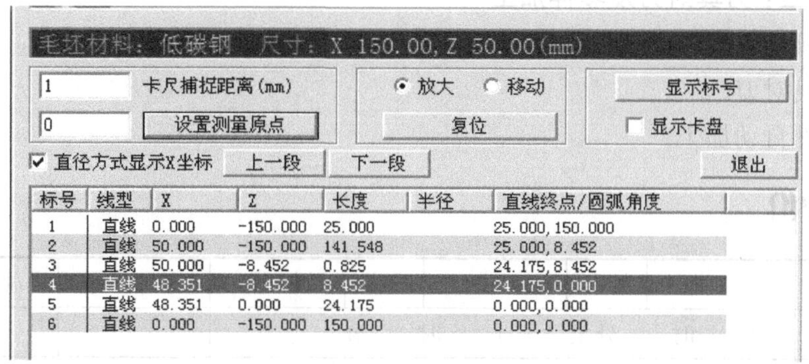

图 3-16　剖面图测量界面

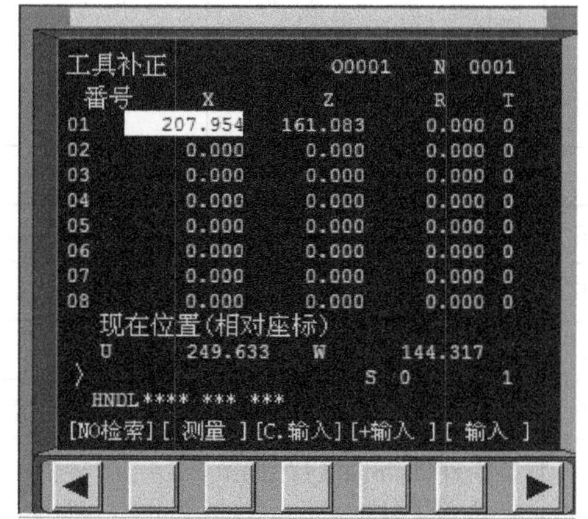

图 3-17　工具补正

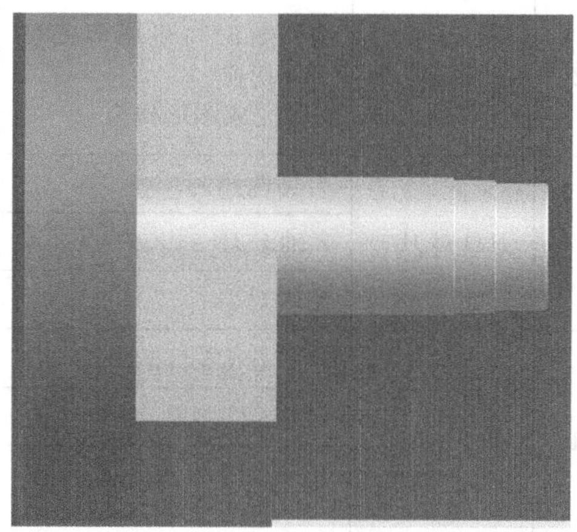

图 3-18　零件的自动加工

10) 自动加工

在编辑状态下将程序编辑光标回到程序的顶端，点击操作面板上的“自动运行”按钮 ，按“循环启动”按钮 ，完成零件的自动加工(图 3-18)。

四、活动内容

(一) 活动准备

设备：计算机、配套数控仿真软件、投影仪。

(二) 任务要求

1. 任务一：仿真软件的程序输入和图形模拟

(1) 打开仿真软件。

(2) 选择机床。

(3) 输入程序(程序由教师给定)。

(4) 图形模拟。

2. 任务二:刀具对刀及零件加工

(1) 刀具选择。

(2) 刀具对刀。

(3) 零件自动加工。

五、项目评价

<table>
<tr><td>班级</td><td></td><td>姓名</td><td>职业</td><td>数控车工</td><td>零件图号</td><td colspan="2">盘类零件加工</td></tr>
<tr><td colspan="5">操作日期　　日　　时　　分至　　日　　时　　分</td><td></td><td colspan="2"></td></tr>
<tr><td>序号</td><td colspan="2">考核内容及要求</td><td>配分</td><td>评分标准</td><td>自评</td><td>实测</td><td>得分</td></tr>
<tr><td>1</td><td>程序输入</td><td>将程序输入至仿真软件中</td><td>10</td><td>输错一处扣一分</td><td></td><td></td><td></td></tr>
<tr><td>2</td><td>图形模拟</td><td>(1) 图形与机床界面的切换
(2) 完成图形模拟</td><td>5
10</td><td>切换正确
图形正确</td><td></td><td></td><td></td></tr>
<tr><td rowspan="3">3</td><td rowspan="3">刀具对刀</td><td>刀具选择</td><td>5</td><td>选择正确</td><td></td><td></td><td></td></tr>
<tr><td>Z 轴对刀</td><td>15</td><td>对刀正确</td><td></td><td></td><td></td></tr>
<tr><td>X 轴对刀</td><td>15</td><td>对刀正确</td><td></td><td></td><td></td></tr>
<tr><td rowspan="3">4</td><td rowspan="3">零件加工</td><td>(1) 完成零件的自动加工</td><td>5</td><td>零件成型</td><td></td><td></td><td></td></tr>
<tr><td>(2) 零件测量</td><td>15</td><td>零件测量正确</td><td></td><td></td><td></td></tr>
<tr><td>(3) 尺寸正确</td><td>20</td><td>各挡外圆与长度尺寸错一处扣 5 分</td><td></td><td></td><td></td></tr>
<tr><td colspan="2">合　　计</td><td></td><td>100</td><td></td><td></td><td></td><td></td></tr>
<tr><td colspan="2">项目学习
学生自评</td><td colspan="6"></td></tr>
<tr><td colspan="2">项目学习
教师评价</td><td colspan="6"></td></tr>
</table>

项目四　数控车床编程方法与基本指令学习

一、项目描述

通过本项目的学习，学生掌握数控机床上常用的两个坐标系，常用文字码、G 功能字和 M 功能字的含义与基本的编程方法。学生在教师指导下能够完成简单零件的基本编程方法，并在完成任务过程中养成良好的职业道德和文明生产习惯。

二、项目目标

（一）知识目标

（1）理解数控机床常用的坐标系。

（2）理解常用文字码、G 功能字和 M 功能字的含义。

（二）技能目标

（1）能掌握 G01/G02/G03 指令编程方法。

（2）能掌握 FANUC－0i 系统的编程方法。

（3）能进行简单零件的基本编程。

（三）素质目标

（1）会熟练进行简单零件的基本编程。

（2）能解决编程中出现的问题。

三、专业知识

（一）坐标系的确定原则

数控车床有三个坐标系，即机械坐标系、编程坐标系和工件坐标系。机械坐标系的原点是生产厂家在制造机床时的固定坐标系原点，也称机械零点。它是在机床装配和调试时已经确定下来的，是机床加工的基准点。在使用过程中机械坐标系是由参考点来确定的，机床系统启动后，进行返回参考点操作，机械坐标系就建立了。坐标系一经建立，只要不切断电源，坐标系就不会变化。编程坐标系是编程序时使用的坐标系，一般把 Z 轴与工件轴线重合，X 轴放在工件端面上。工件坐标系是机床进行加工时使用的坐标系，它应该与编程坐标系一致。能否让编程坐标系与工件坐标系一致，是操作是否顺利的关键。

数控机床上的坐标系采用右手直角笛卡儿坐标系(图 4-1)。右手的大拇指、食指和中指保持相互垂直，拇指的方向为 X 轴的正方向，食指为 Y 轴的正方向，中指为 Z 轴的正方向。

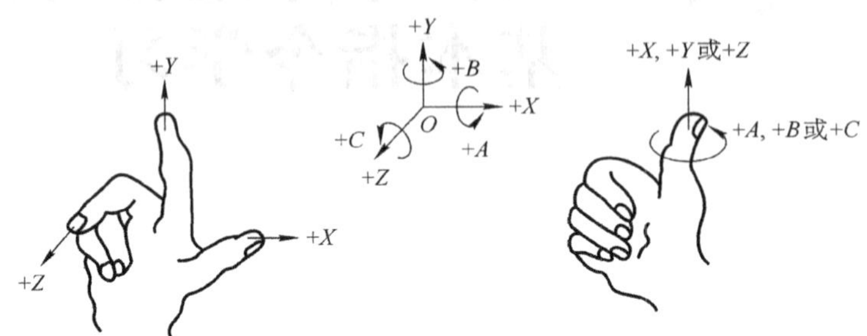

图 4-1　右手直角笛卡儿坐标系

(二) 运动方向的确定

规定机床某一部件运动的正方向，是增大工件和刀具之间距离的方向(图 4-2)。

(1) Z 轴与主轴轴线重合，设 Z 轴远离工件，向尾座移动刀具的方向为正方向(即增大工件和刀具之间距离)，向卡盘移动刀具的方向为负方向。

(2) X 轴垂直于 Z 轴，X 坐标的正方向是刀具离开旋转中心线的方向，反之为负。

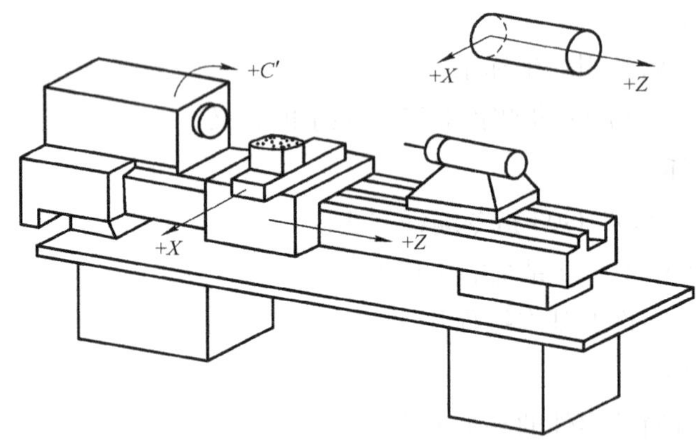

图 4-2　运动方向的规定

(三) 常用文字码及其含义

常用文字码及其含义见表 4-1。

表 4-1　常用文字码及其含义

功　　能	文 字 码	含　　义
程序号	O；ISO/；EIA	表示程序名代号(1～9 999)
程序段号	N	表示程序段代号(1～9 999)

（续表）

功　　能	文　字　码	含　　　义
准备机能	G	确定移动方式等准备功能
坐标字	X、Y、Z、A、C	坐标轴移动指令(±99 999. 999 mm)
	R	圆弧半径(±99 999. 999 mm)
	I、J、K	圆弧圆心坐标(±99 999. 999 mm)
进给功能	F	表示进给速度(1～1 000 mm/min)
主轴功能	S	表示主轴转速(0～9 999 r/min)
刀具功能	T	表示刀具号(0～99)
辅助功能	M	冷却液开、关控制等辅助功能(0～99)
偏移号	H	表示偏移代号(0～99)
暂停	P、X	表示暂停时间(0～99 999. 999 s)
子程序号及子程序调用次数	P	子程序的标定及子程序重复调用次数设定(1～9 999)
宏程序变量	P、Q、R	变量代号

（四）FANUC－0i G 功能字含义表

G 功能字含义表见表 4－2。

表 4－2　G 功能字含义表

G 代码	功　　能	
◤ G00	定位	
◤ G01	直线插补	
G02	圆弧插补/螺旋线插补 CW	
G03	圆弧插补/螺旋线插补 CCW	
G04	暂停，准确停止	
G05. 1	预读控制(超前读多个程序段)	
G07. 1(G107)	圆柱插补	
G08	预读控制	
G09	准确停止	
G10	可编程数据输入	
G11	可编程数据输入方式取消	
◤ G15	极坐标指令取消	
G16	极坐标指令	
◤ G17	选择 XpYp 平面	Xp：X 轴或其平行轴
◤ G18	选择 ZpXp 平面	Yp：Y 轴或其平行轴
◤ G19	选择 YpZp 平面	Zp：Z 轴或其平行轴

(续表)

G代码	功　　能
G20	英寸输入
G21	毫米输入
◤ G22	储存行程检测功能接通
G23	储存行程检测功能断开
G27	返回参考点检测
G28	返回参考点
G29	从参考点返回
G30	返回第2、3、4参考点
G31	跳转功能
G32	螺纹切削
G37	自动刀具长度检测
G39	拐角偏置圆弧插补
◤ G40	刀具半径补偿取消
G41	刀具半径补偿,左侧
G42	刀具半径补偿,右侧
◤ G40.1(G150)	法线方向控制取消方式
G41.1(G151)	法线方向控制左侧接通
G42.1(G152)	法线方向控制右侧接通
G43	正向刀具长度补偿
G44	负向刀具长度补偿
G45	刀具位置偏置加
G46	刀具位置偏置减
G47	刀具位置偏置加2倍
G48	刀具位置偏置减2倍
◤ G49	刀具长度补偿取消
◤ G50	比例缩放取消
G51	比例缩放有效
◤ G50.1	可编程镜像取消
G51.1	可编程镜像有效
G52	局部坐标系设定

（续表）

G代码	功　　能
G53	选择机床坐标系
◤ G54	选择工件坐标系 1
G54.1	选择附加工件坐标系
G55	选择工件坐标系 2
G56	选择工件坐标系 3
G57	选择工件坐标系 4
G58	选择工件坐标系 5
G59	选择工件坐标系 6
G60	单方向定位
G61	准确停止方式
G62	自动拐角倍率
G63	攻丝方式
◤ G64	切削方式
G65	宏程序调用
G66	宏程序模态调用
◤ G67	宏程序模态调用取消
G68	坐标旋转有效
◤ G69	坐标旋转取消
G70	精加工循环
G71	外圆粗车复合循环
G73	固定形状粗车循环
G76	复合螺纹切削循环指令
G90	绝对值编程
G92	螺纹切削循环指令
◤ G94	每分进给
G95	每转进给
G96	恒周速控制(切削速度)
◤ G97	恒周速控制取消(切削速度)

注：同一个字母表示为同一组，并且为模态功能，“◤”表示为非模态功能。

（五）M 功能字含义表

M 功能字含义表见表 4－3。

表 4-3　M 功能字含义表

M 功能字	含　　义
M00	程序停止
M01	计划停止
M02	程序停止
M03	主轴顺时针旋转
M04	主轴逆时针旋转
M05	主轴旋转停止
M06	换刀
M07	2 号冷却液开
M08	1 号冷却液开
M09	冷却液关
M30	程序停止并返回开始处
M98	调用子程序
M99	返回子程序

(六) 基本编程指令应用讲解

(1) 快速点位指令 G00：

G00 X(U)_ Z(W)_;

(2) 直线插补指令 G01：

G01 X(U)_ Z(W)_ F_;

(3) 圆弧插补指令 G02/G03(图 4-3)：

G02/G03 X(U)_ Z(W)_ R_ F_;

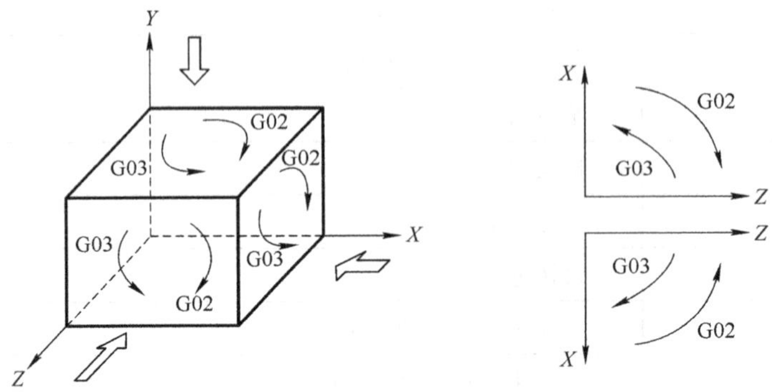

图 4-3　圆弧插补指令

(七) 编程实例

某简单零件如图 4-4 所示，其加工程序见表 4-4。

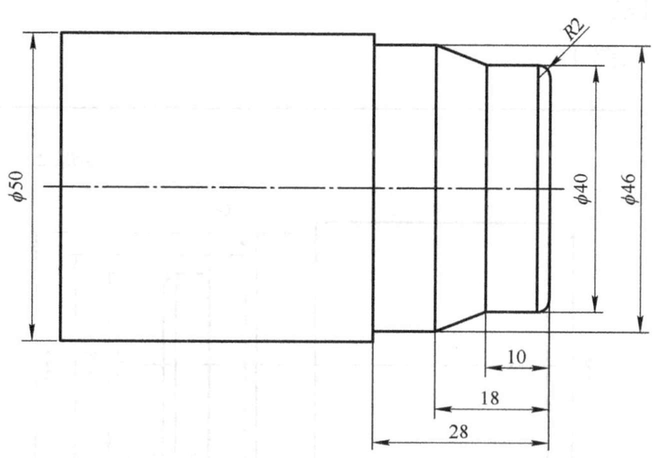

图 4-4　某简单零件

表 4-4　零件的加工程序

O1；	程序名
T0101；	建立工件坐标系
G0 X52 Z5；	快速定位到定位点
M03 S800；	主轴正转
G0 X38；	快速定位到 X 轴起刀点
G1 Z0 F0.2；	直线插补到 Z 轴起刀点
G03 X40. Z-2.；	加工 R2 mm 的圆角
G1 Z-10.；	加工 φ40 mm 外圆
X46 Z-18.；	加工斜线
Z-28.；	加工 φ46 mm 外圆
X52.；	X 轴退刀
G0 Z5；	Z 轴退刀
X80. Z100.；	快速定位到安全点
M05；	主轴停转
M30；	程序结束

四、活动内容

（一）活动准备

（1）设备：计算机。

（2）任务：简单零件的基本编程。

(二) 练习图纸

分别见图 4-5、图 4-6。

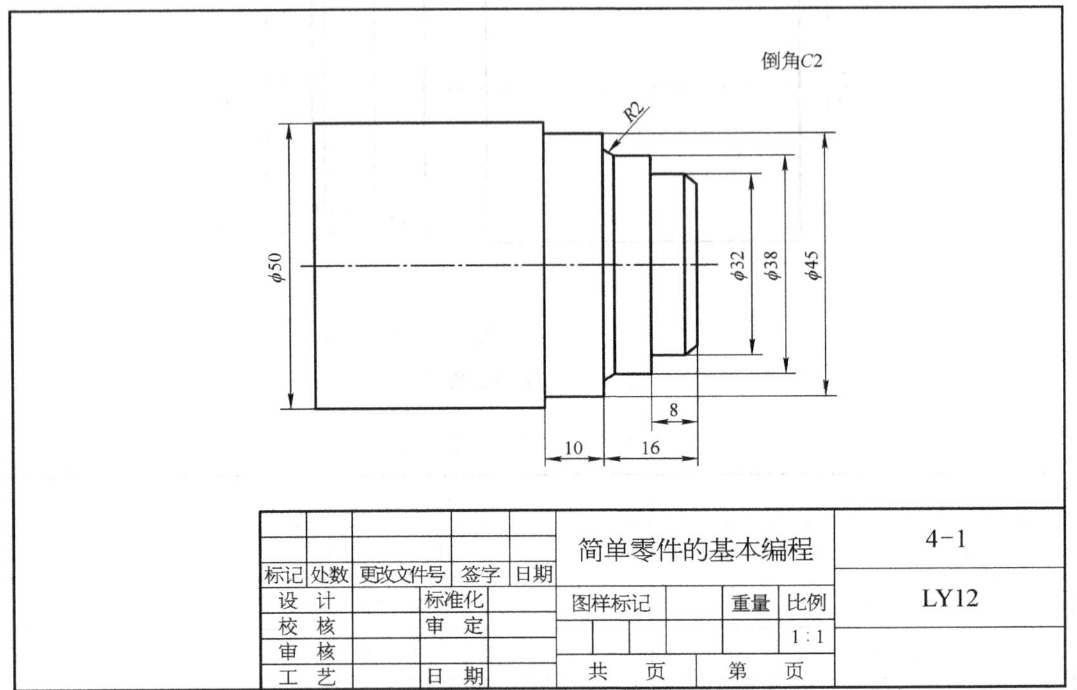

图 4-5 练习图纸(一)

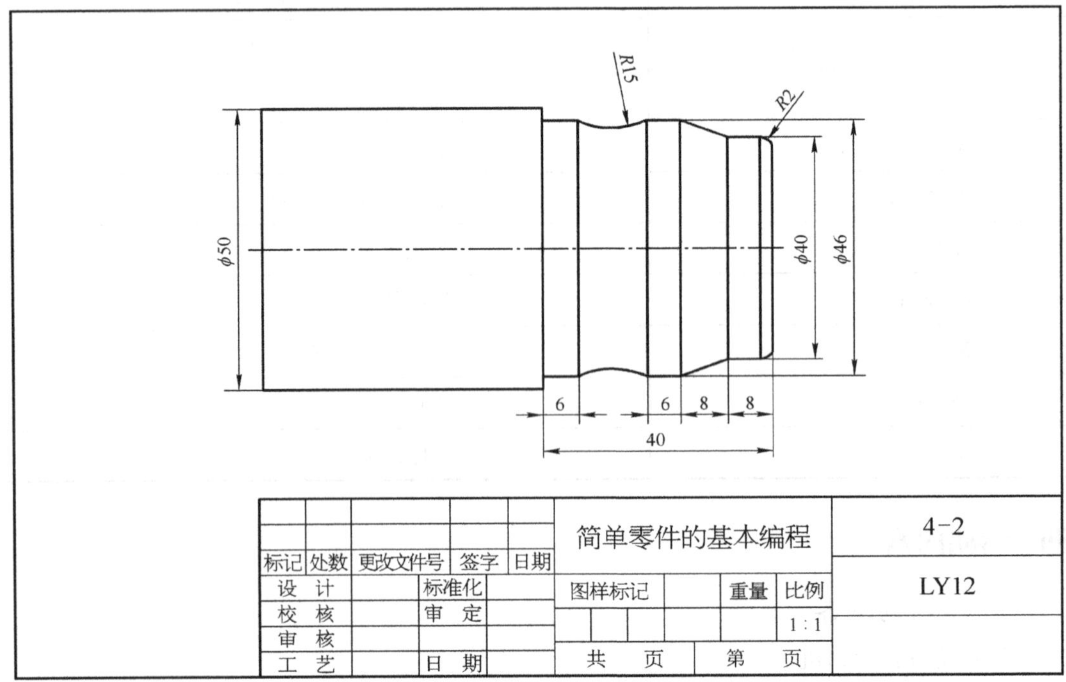

图 4-6 练习图纸(二)

五、项目评价

班级		姓名		职业	数控车工	零件图号		
操作日期　　日　　时　　分至　　日　　时　　分								
序号	考核内容及要求		配分	评分标准	自评	实测	得分	
1	仿真软件的使用	机床选择 毛坯零件选择 刀具选择	20	错误一处扣 5 分				
2	简单零件的编程	练习 1 的程序编制	20	错误一处扣 5 分				
		练习 2 的程序编制	20	错误一处扣 5 分				
3	仿真图形模拟	练习 1 的图形模拟	10	错误一处扣 5 分				
		练习 2 的图形模拟	10	错误一处扣 5 分				
4	仿真零件加工	练习 1 的零件加工	10	错误一处扣 5 分				
		练习 2 的零件加工	10	错误一处扣 5 分				
合　　计			100					
项目学习学生自评								
项目学习教师评价								

六、项目作业

练习图纸见图 4－7。

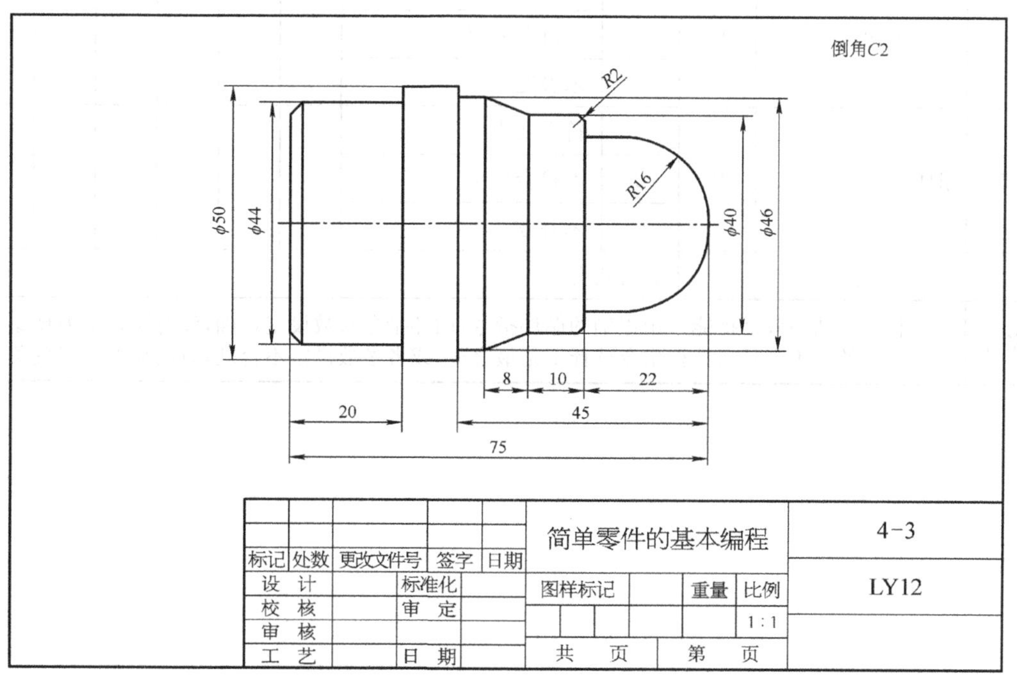

图 4－7　练习图纸(三)

评 分 表

试题代码: 4－3　　　　**试题名称:** 简单零件的基本编程

考核时间: 60 min

评价要素		配分	等级	评 分 细 则	评定等级					得分
1	外圆、圆弧、倒角加工程序与实体加工仿真	40	40	正确而且简洁高效						
			30	正确但效率不高						
			10	不正确						
			0	未答题						
2	外圆尺寸	20	20	符合要求						
			15	一处外圆不符合要求						
			10	两处外圆不符合要求						
			5	三处外圆不符合要求						
			0	四处外圆不符合要求						
3	长度尺寸	20	20	符合要求						
			15	一处长度不符合要求						
			10	两处长度不符合要求						
			5	四处长度不符合要求						
			0	六处长度不符合要求						
4	圆弧尺寸	10	10	符合要求						
			2	不符合要求						
			0	未答题						
5	倒角	10	10	符合要求						
			2	不符合要求						
			0	未答题						
合计配分		100	合计得分							
备注	(1) 程序简洁高效是指能采用正确的循环指令,循环指令参数设定正确,没有明显空刀现象。 (2) 程序效率不高是指编程指令选择不是最合适,或者参数设定不合理,有明显的空刀现象									

项目五 简单轴类零件的车削加工

一、项目描述

通过本项目的学习，学生可以提高数控车削轴类零件的技能，掌握相关理论知识。学生在教师指导下能够完成轴类零件车削加工任务，并在完成任务过程中养成良好的职业道德和文明生产习惯。能达到数控车削加工相关职业技能要求，胜任简单轴类零件车削工作。

二、项目目标

（一）知识目标

(1) 理解轴类零件车削加工相关工艺知识。

(2) 能熟练运用车削循环指令编程。

（二）技能目标

(1) 能识读轴类零件图，并对零件结构、技术要求进行分析。

(2) 能填写轴类零件工艺卡片和刀具卡片。

(3) 能进行轴类零件的编程并会仿真加工。

(4) 能在数控车床上加工轴类零件。

(5) 能进行轴类零件检测。

（三）素质目标

(1) 会分析项目中轴类零件加工的特点并能应用到实践中。

(2) 在加工过程中操作步骤符合数控车床安全技术规范。

(3) 在练习过程中能互相协作、提示和竞争。

三、专业知识

轴类零件是组成机械的主要部件和最基本的零件，一般由外圆、端面、台阶、倒角、沟槽、圆弧等结构要素组成。掌握轴类零件是数控编程与车削的方法是数控加工的基础。

在进行外径、内径、端面、螺纹切削的粗加工，刀具常常要反复地执行相同的动作，才能加工到工件需要的尺寸,为了简易程序,数控装置可以用一个程序段指定刀具进行反复切削,它就是固定循环。

(一) 单一固定形状循环

G90 指令格式:

圆柱面车削循环:G90 X(U)_ Z(W)_ F_;

圆锥面车削循环:G90 X(U)_ Z(W)_ R_ F_;

参数含义:X、Z 为切削终点的绝对坐标值;U、W 为切削终点相对循环起点的增量值;F 为切削进给量;R 为车圆锥时切削起点与终点的半径差。

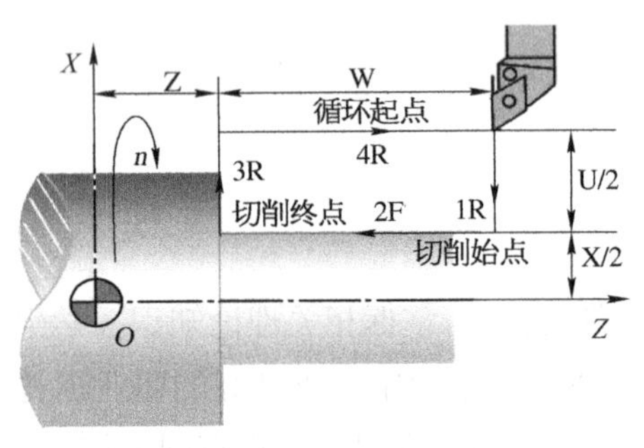

图 5-1 单一固定形状循环切削

说明:本指令的意义在于刀具起点与指定的终点之间形成一个封闭的矩形。刀具从起点先按 X 方向起刀,走一个矩形循环。按道具走刀方向,第一刀为 G00 方式动作;第二刀为 G01 方式切削工件外圆;第三刀为 G01 方式切削工件端面;第四刀为 G00 方式快速退刀回起点。指令中的 F 字只对中间两步起作用(图 5-1)。

(二) 外圆粗车复合循环

G71 指令格式:

G71 U(Δd) R(e)

G71 P(ns) Q(nf) U(Δu) W(Δw) F(f);

或 G71 P(ns) Q(nf) U(Δu) W(Δw) D(Δd) (F/_ S_ T_)

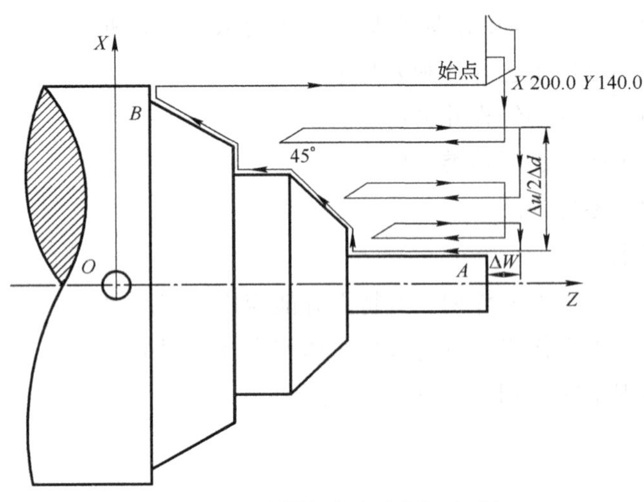

图 5-2 外圆粗车复合循环切削

外圆粗车复合循环(图 5-2)适合棒料毛坯除去较大余量的切削。粗车后为精车留有 Δu(直径值)的精车余量。

(三) 精加工循环

在使用 G71 进行粗加工后时,可以用 G70 指令来完成精加工。

G70 指令格式:

G70 P(ns)_ Q(nf)_

(四) 固定形状粗车循环

固定形状粗车循环(图 5-3)适用于毛坯轮廓形状与零件轮廓形状基本接近时的粗车。例如,一些锻件、铸件的粗车,这种循环方式的走刀路线如图所示。

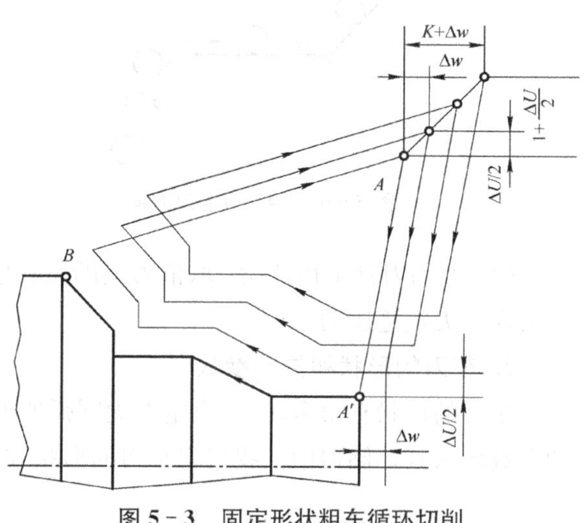

图 5-3　固定形状粗车循环切削

G73 指令格式:

G73 U_ W_ R_

G73 P_ Q_ U_ W_ F_ S_ T_;

式中,程序段中的地址除 I、K、D 外,其余与 G71 相同;U 为粗切时径向切除的余量(半径值);W 为粗切时轴向切除的余量;R 为粗切循环次数。

G73 指令与 G71 指令应用的对比:

G73 指令也是外圆粗加工指令,它与 G71 指令的区别在于 G71 指令只能加工 X、Z 方向的单调递增或递减,而 G73 指令无此规定,在使用中更灵活方便。

(五) 刀尖圆弧半径补偿

车刀的刀尖由于磨损等原因总有一个小圆弧(车刀不可能是绝对尖的)。但是,编程计算点是根据理论刀尖(假想刀尖)(图 5-4)。

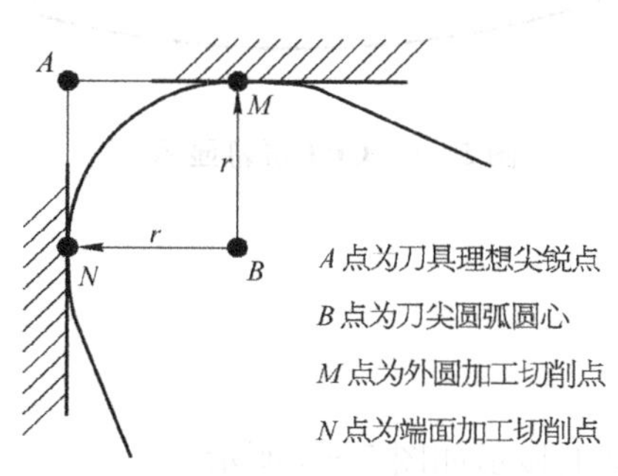

图 5-4　车刀刀尖

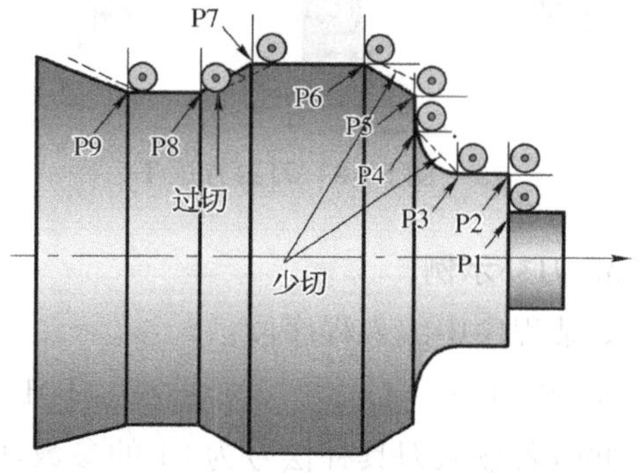

图 5-5　少切或过切

在进行倒角、锥面及圆弧切削时,则会产生少切或过切现象,如图 5-5 所示。而刀尖圆弧半径补偿功能就是用来补偿由刀尖圆弧半径引起的工件形状误差,避免少切或过切现象的产生。

1. 刀尖圆弧半径指令

在进行刀尖圆弧半径补偿时,刀具和工件的相对位置不同,刀尖半径补偿的指令也不同。

(1) 刀尖半径右补偿 G42 如图 5-6 所示。

(2) 刀尖半径左补偿 G41 如图 5-7 所示。

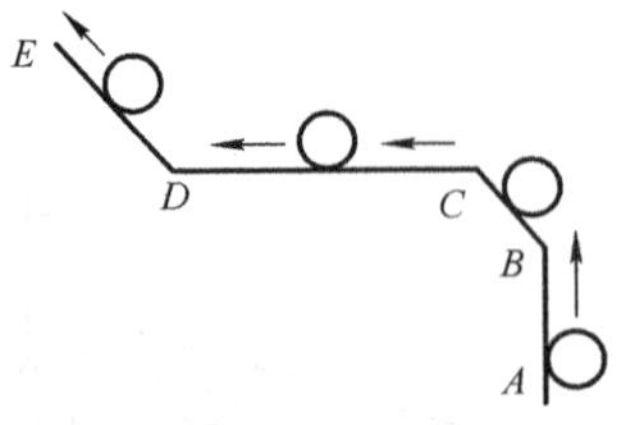

图 5-6 G42 的走刀方向

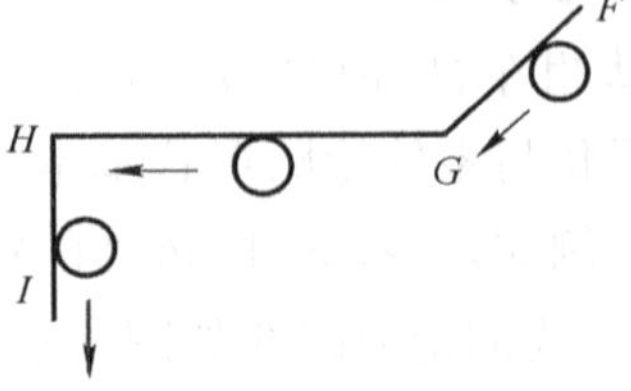

图 5-7 G41 走刀的方向

(3) 取消刀具半径补偿:取消刀具的左补偿或右补偿,可用 G40 指令编程,则车刀轨迹按现刀尖轨迹运动。

2. 车刀的形状和位置参数

车刀的形状有很多,它能决定刀尖圆弧所处的位置,因此也要把代表车刀形状和位置的参数输入到存储器中。我们将车刀的形状和位置参数称为刀尖方位 T(图 5-8)。

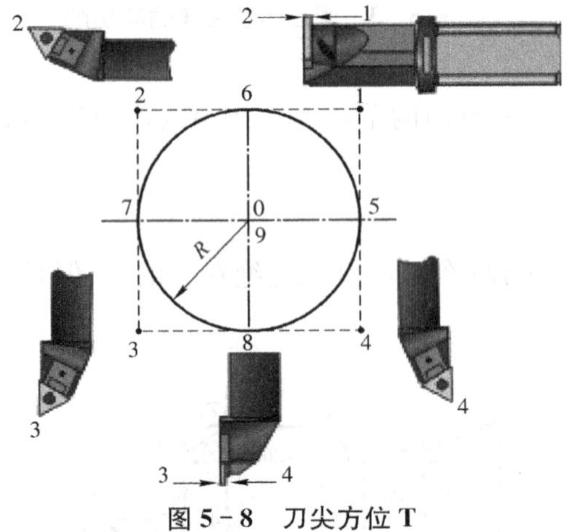

图 5-8 刀尖方位 T

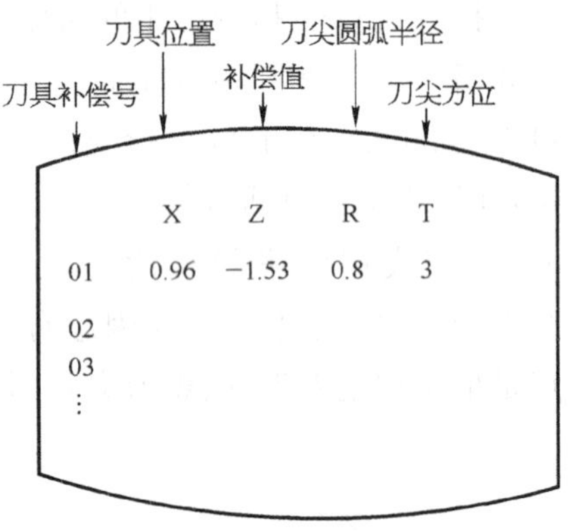

图 5-9 CRT 屏幕显示

3. 刀补示例

如某程序中编入程序段:

N100 G00 G42 X100 Z3 T0101

此时若输入刀具补偿号为 01 的参数,CRT 屏幕上显示如图 5-9 所示。

四、活动内容

(一) 活动准备

(1) 设备:计算机、配套数控仿真软件、投影仪、CK6136 数控车床。

(2) 刀具：90°外圆车刀。

(3) 量具：游标卡尺外径千分尺。

(4) 工具：卡盘钥匙、刀具钥匙、垫刀片。

(5) 材料：铝 LY12　ϕ50 mm×100 mm。

(二) 任务实施

任务一　阶台轴零件加工

1. 练习图纸(图 5-10)

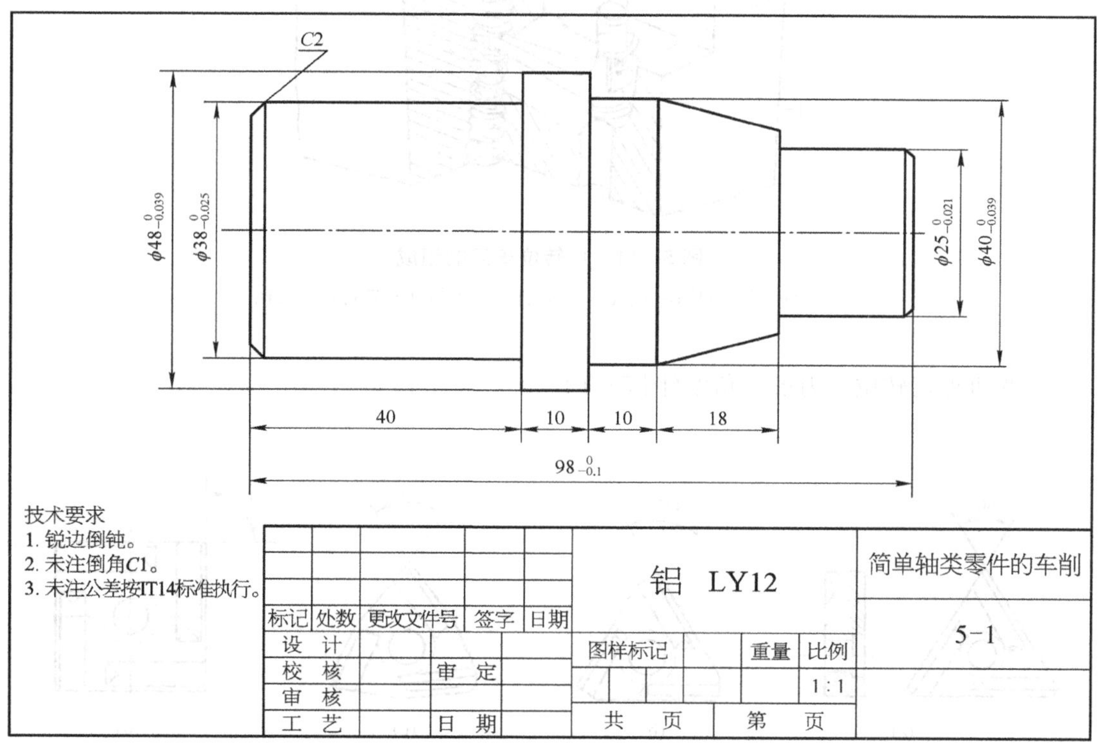

图 5-10　练习图纸(一)

2. 图纸识读

该零件材料为铝合金，由外圆柱面、圆柱锥面组成。在尺寸要求上，该零件的外圆 $\phi48_{-0.039}^{0}$ mm、$\phi38_{-0.025}^{0}$ mm、$\phi40_{-0.039}^{0}$ mm、$\phi25_{-0.021}^{0}$ mm 尺寸精度要求较高。

主要通过在加工过程中的准确对刀、正确测量设置刀补及磨耗，以及正确制定合适的加工工艺等措施来保证尺寸精度要求。

3. 加工工艺分析

(1) 零件材料：铝 LY12。

(2) 选择工、量、刃具。量具：外径千分尺、游标卡尺；刀具：93°外圆车刀。

(3) 选用车刀：为了达到高效、多能、快速、经济的目的，宜选用数控加工刀具。

数控刀具举例：

① 根据本课题图纸加工要求着重介绍可转位外圆车刀(图 5－11)。

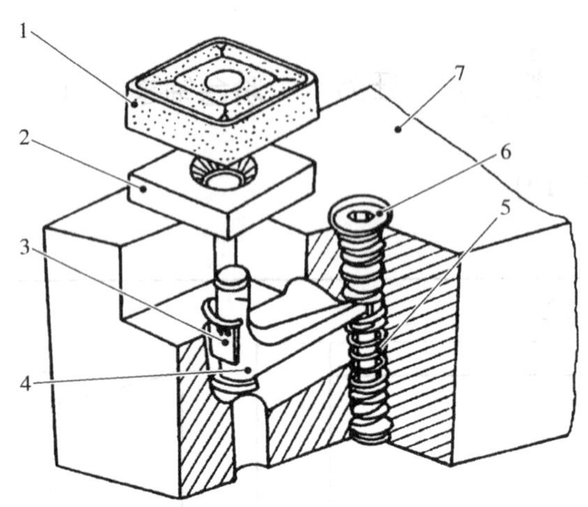

图 5－11 可转位车刀的组成

1—刀片；2—刀垫；3—卡簧；4—杠杆；5—弹簧；6—螺钉；7—刀柄

② 机夹可转位车刀形状角度(图 5－12)。

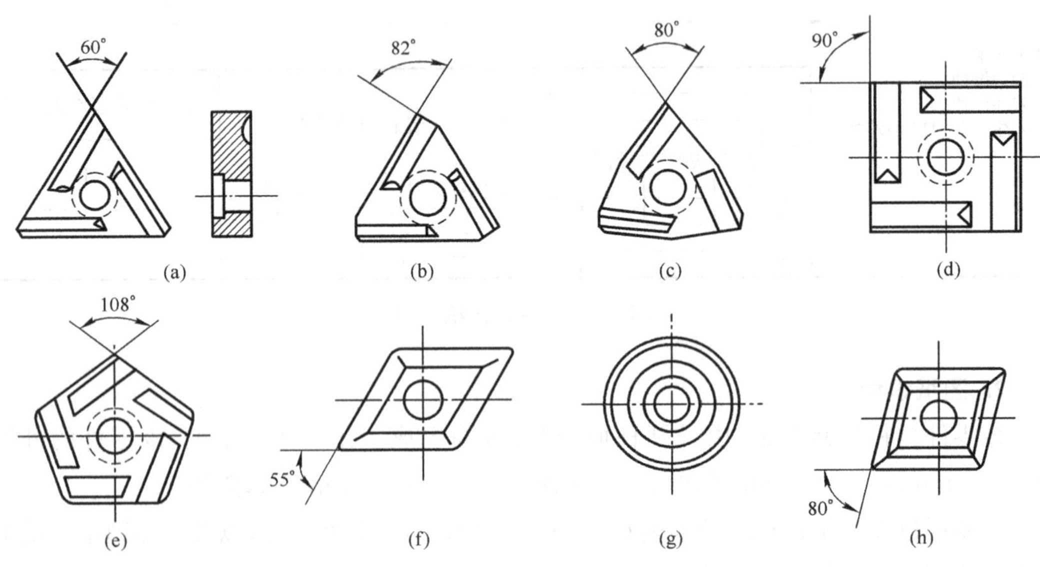

图 5－12 机夹可转位车刀形状角度

③ 加工表面形状及适用的刀片形状(表 5－1)。

表 5－1　加工表面形状及适用的刀片形状

主　偏　角	45°	45°	60°	75°	95°
加工示意图	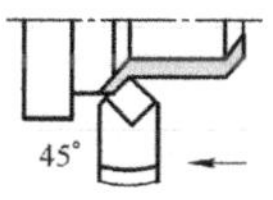 45°	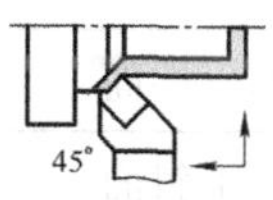 45°	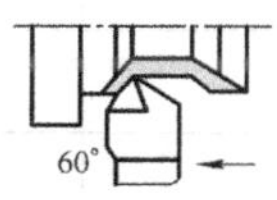 60°	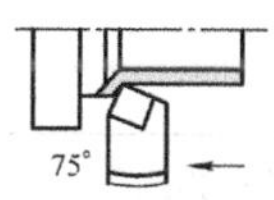 75°	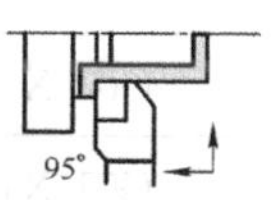 95°
主　偏　角	75°	90°	90°	90°	
加工示意图	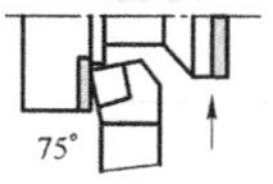 75°	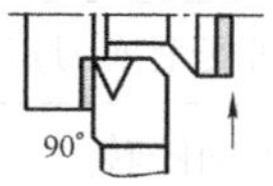 90°	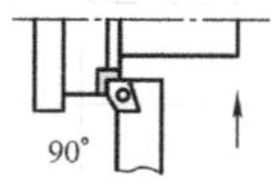 90°	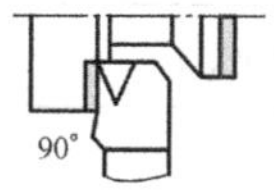 90°	
主　偏　角	15°	45°	60°	90°	
加工示意图	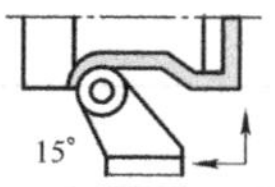 15°	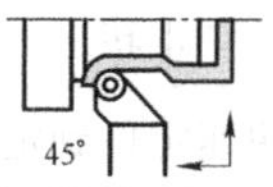 45°	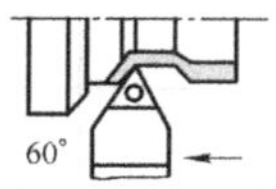 60°	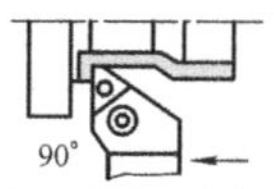 90°	

（4）切削用量：

① 背吃刀量 a_p的确定。

② 进给量 f(有些数控机床用进给速度 v_f)。

③ 主轴转速 n(r/m)的计算公式：

$$n = \frac{1\,000 v_c}{\pi d}$$

（5）确定零件的定位基准和装夹方式：装夹方法采用三爪自定心卡盘自定心夹紧。

4. 车削零件右端程序编制

车削零件右端程序见表 5－2。

表 5－2　车削零件右端程序

O0001；	程序名
T0101；	建立工件坐标系
M03 S800；	主轴正转
G00 X52. Z5. ；	快速定位到定位点
G71 U1. R1. ；	设定 G71 复合循环各项参数
G71 P1 Q2 U0. 5 W0. 05 F0. 2；	设定 G71 复合循环各项参数
N1 G42 G00 X21. ；	建立刀具圆弧补偿，快速定位到 X 轴起刀点
G01 Z1. F0. 1；	直线插补到 Z 轴起刀点

(续表)

G01 X25. Z-1.；	倒角
G01 Z-20.；	加工 ϕ25 mm 外圆
G01 X30.；	加工端面
G01 X40. Z-38.；	加工斜面
G01 Z-48.；	加工 ϕ40 mm 外圆
N2 G40 G01 X50.；	退刀，撤销刀具圆弧补偿
G00 X80. Z60.；	回安全换刀点
M05；	主轴停转
M00；	程序暂停
T0101；	建立工件坐标系
M03 S1000；	主轴正转
G00 X52. Z5.；	快速定位到定位点
G70 P1 Q2 F0.1；	G70 精加工语句
G00 X80. Z60.；	回安全换刀点
M05；	主轴停转
M30；	程序结束

5. 仿真操作

将程序输入仿真系统检查程序。

6. 零件加工操作步骤

(1) 数控车床面板操作。

(2) 工件与刀具的装夹。

(3) 对刀及参数设置。

(4) 程序输入。

(5) 试运行。

(6) 零件加工。

(7) 零件检测。

7. 加工注意事项

(1) 注意 G71 指令起刀点的坐标位置。

(2) 注意刀具与零件的正确定位与夹紧。

(3) 切削参数合理。

(4) 会正确修改刀具参数控制零件尺寸精度。

(5) 注意安全、文明生产、规范操作。

任务二　特形面类零件加工

1. 练习图纸(图 5－13)

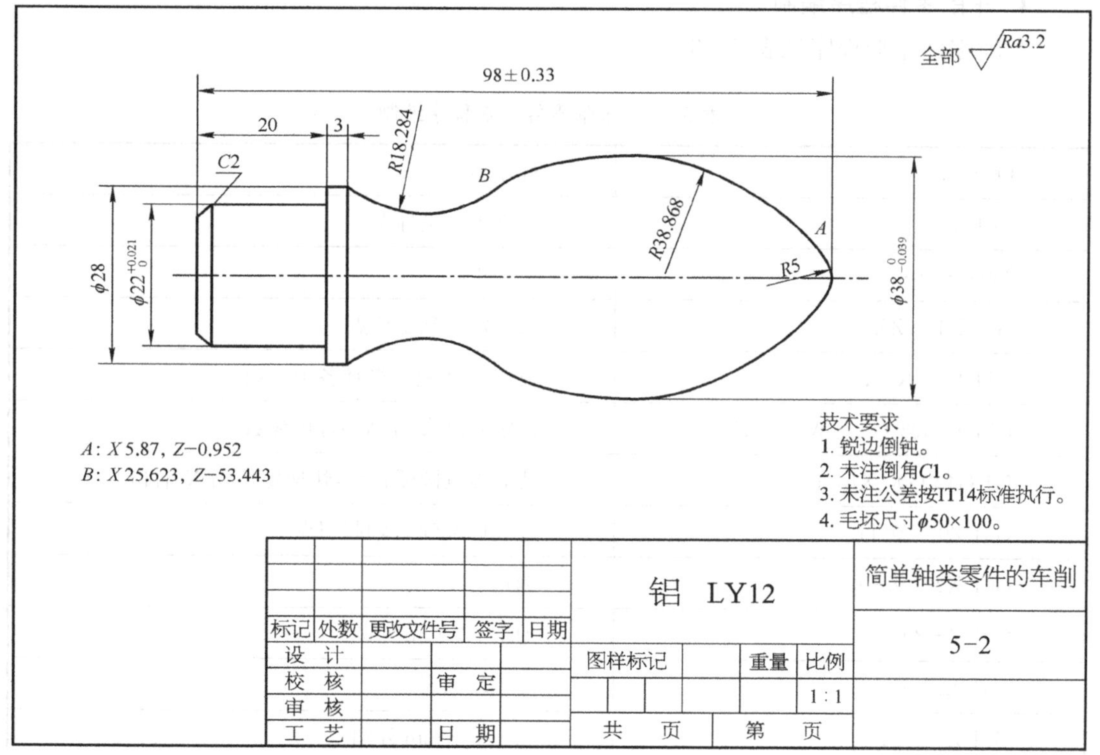

图 5－13　练习图纸(二)

2. 图纸识读

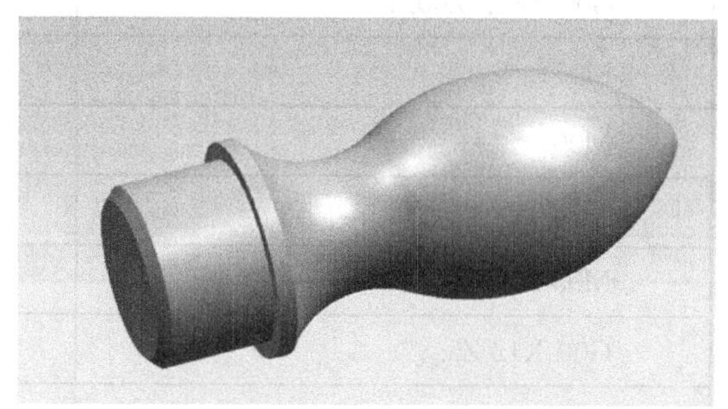

图 5－14　典型的特形面类零件

图 5－14 所示为该零件属于典型的特形面类零件，材料为铝 LY12，由圆柱面及若干个圆弧面组成的手柄零件，圆弧面之间要求光滑连接。

对于尺寸精度要求，主要通过在加工过程中的准确对刀、正确设置刀补及磨耗，以及正确制定合适的加工工艺等措施来保证。对于零件表面粗糙度要求，主要通过选用合适的刀具及其几何参数，正确的粗、精加工路线，合理的切削用量及冷却等措施来保证。

3. 加工工艺分析

(1) 选择工、量、刃具。量具：外径千分尺、游标卡尺；刀具：93°外圆车刀。

(2) 确定零件的定位基准和装夹方式：装夹方法采用三爪自定心卡盘自定心夹紧。

(3) 加工工艺路线：下料—用三爪卡盘装夹零件—粗、精加工零件左端轮廓—工件掉头校正外圆—粗、精加工零件右端轮廓—检验入库。

4. 车削零件程序编制

车削零件左端程序见表 5-3。

表 5-3 车削零件左端程序编制

O0001;	程序名
T0101;	建立工件坐标系
M03 S800;	主轴正转
G00 X42. Z5.;	快速定位到定位点
G71 U1. R1.;	设定 G71 复合循环各项参数
G71 P1 Q2 U0.5 W0.05 F0.2;	设定 G71 复合循环各项参数
N1 G42 G00 X18.;	建立刀具圆弧补偿，快速定位到 X 轴起刀点
G01 Z0. F0.1;	直线插补到 Z 轴起刀点
G01 X22. Z-2.;	倒角
G01 Z-20.;	加工 ϕ22 mm 外圆
G01 X28.;	加工端面
G01 Z-45.;	加工 ϕ28 mm 外圆
N2 G40 G01 X42;	退刀，撤销刀具圆弧补偿
G00 X80. Z60.;	回安全换刀点
M05;	主轴停转
M00;	程序暂停
T0101;	建立工件坐标系
M03 S1000;	主轴正转
G00 X42 Z5.;	快速定位到定位点
G70 P1 Q2 F0.1;	G70 精加工语句
G00 X80. Z60.;	回安全换刀点
M05;	主轴停转
M30;	程序结束

车削零件右端程序编制见表 5-4。

表 5-4　车削零件右端程序

O0002;	程序名
T0102;	建立工件坐标系
M03 S800;	主轴正转
G00 X42. Z5.;	快速定位到定位点
G73 U20. W0 R1;	设定 G73 复合循环各项参数
G73 P1 Q2 U0.5 W0.05 F0.2;	设定 G73 复合循环各项参数
N1 G42 G00 X0;	建立刀具圆弧补偿，快速定位到 X 轴起刀点
G01 Z0. F0.1;	直线插补到 Z 轴起刀点
G03 X5.87 Z-0.952 R5.;	加工 R5 mm 圆弧
X25.623 Z-53.443 R38.868;	加工 R38.868 mm 圆弧
G02 X28. Z-75. R18.284;	加工 R18.284 mm 圆弧
N2 G40 G01 X42.;	退刀，撤销刀具圆弧补偿
G00 X80. Z60.;	回安全换刀点
M05;	主轴停转
M00;	程序暂停
T0102;	建立工件坐标系
M03 S1000;	主轴正转
G00 X42 Z5.;	快速定位到定位点
G70 P1 Q2 F0.1;	G70 精加工语句
G00 X80. Z60.;	回安全换刀点
M05;	主轴停转
M30;	程序结束

5. 仿真操作

将程序输入仿真系统检查程序。

6. 零件加工操作步骤

(1) 数控车床面板操作。

(2) 工件与刀具的装夹。

(3) 对刀及参数设置。

(4) 程序输入。

(5) 试运行。

(6) 零件加工。

(7) 零件检测。

7. 加工注意事项

(1) 注意 G73 指令起刀点的坐标位置。

(2) G41、G42 不能重复使用。

(3) 注意刀具与零件的正确定位与夹紧。

(4) 确定安全换刀点。

(5) 会正确修改刀具参数控制零件尺寸精度。

(6) 注意安全、文明生产、规范操作。

8. 加工质量分析

(1) 端面加工质量分析。

(2) 外圆加工质量分析。

(3) 圆弧面加工质量分析,包括以下几方面:

① 圆弧与圆弧连接处不光滑。

② 曲面轮廓与图纸不符。

③ 圆弧表面粗糙度较差。

五、项目评价

<table>
<tr><td>班级</td><td></td><td>姓名</td><td></td><td>职业</td><td>数控车工</td><td>零件图号</td><td colspan="3"></td></tr>
<tr><td colspan="6">操作日期　　日　　时　　分至　　日　　时　　分</td><td></td><td colspan="3"></td></tr>
<tr><td>序号</td><td colspan="3">考核内容及要求</td><td>配分</td><td colspan="2">评分标准</td><td>自评</td><td>实测</td><td>得分</td></tr>
<tr><td rowspan="3">1</td><td rowspan="3" colspan="2">服装穿戴</td><td>服装穿戴</td><td rowspan="3">10</td><td colspan="2">穿戴正确</td><td></td><td></td><td></td></tr>
<tr><td>防护眼镜佩戴</td><td colspan="2">穿戴正确</td><td></td><td></td><td></td></tr>
<tr><td>工作鞋穿着</td><td colspan="2">穿戴正确</td><td></td><td></td><td></td></tr>
<tr><td rowspan="3">2</td><td rowspan="3" colspan="2">识读零件加工图纸</td><td>看懂图样</td><td>5</td><td colspan="2">理解图纸表达内容</td><td></td><td></td><td></td></tr>
<tr><td>理解零件加工要求</td><td rowspan="2">5</td><td colspan="2">叙述加工内容</td><td></td><td></td><td></td></tr>
<tr><td>理解图纸技术要求</td><td colspan="2">正确描述技术要求</td><td></td><td></td><td></td></tr>
<tr><td rowspan="8">3</td><td rowspan="8" colspan="2">数控加工</td><td>$\phi48_{-0.039}^{0}$ mm</td><td>10</td><td colspan="2">尺寸符合公差要求</td><td></td><td></td><td></td></tr>
<tr><td>$\phi40_{-0.039}^{0}$ mm</td><td>10</td><td colspan="2">尺寸符合公差要求</td><td></td><td></td><td></td></tr>
<tr><td>$\phi38_{-0.025}^{0}$ mm</td><td>10</td><td colspan="2">尺寸符合公差要求</td><td></td><td></td><td></td></tr>
<tr><td>$\phi25_{-0.021}^{0}$ mm</td><td>10</td><td colspan="2">尺寸符合公差要求</td><td></td><td></td><td></td></tr>
<tr><td>$\phi38_{-0.039}^{0}$ mm</td><td>10</td><td colspan="2">尺寸符合公差要求</td><td></td><td></td><td></td></tr>
<tr><td>$\phi27_{0}^{+0.021}$ mm</td><td>10</td><td colspan="2">尺寸符合公差要求</td><td></td><td></td><td></td></tr>
<tr><td>$98_{-0.1}^{0}$ mm</td><td>5</td><td colspan="2">尺寸符合公差要求</td><td></td><td></td><td></td></tr>
<tr><td>$98_{-0.11}^{0}$ mm</td><td>5</td><td colspan="2">尺寸符合公差要求</td><td></td><td></td><td></td></tr>
</table>

（续表）

序号	考核内容及要求		配分	评分标准	自评	实测	得分
4	安全文明生产及协作工作	遵守规章制度	5	操作过程遵守规章制度（发生一起违规全扣）			
		保养设备	5	设备保养符合日常保养要求			
		互助与协助精神		同学之间是否互助和启发			
合　计			100				
项目学习学生自评							
项目学习教师评价							

六、项目作业

练习图纸分别见图 5－15、图 5－16。

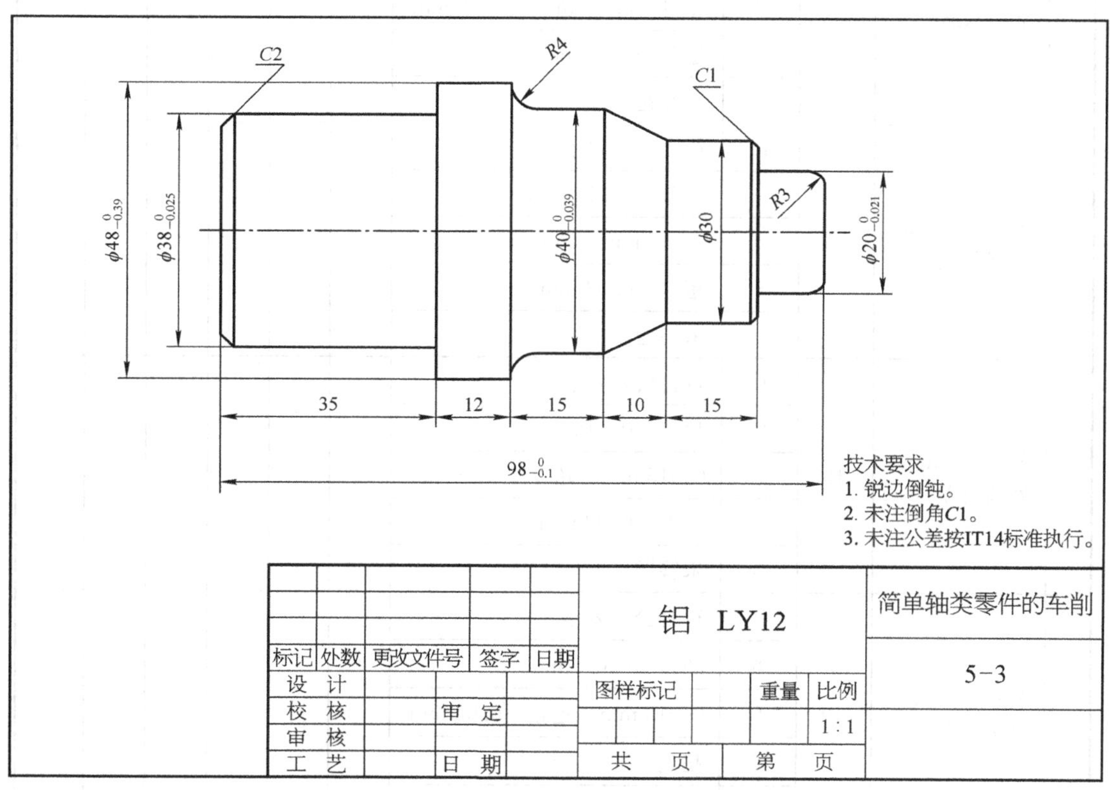

图 5－15　练习图纸(三)

评　分　表

试题代码： 5－3　　　　**试题名称：** 简单轴类零件的车削

考核时间： 150 min

评价要素		配分	等级	评　分　细　则	评定等级					得分
1	表面粗糙度 $Ra3.2\ \mu m$	15	15	全部符合图纸要求						
			12	一个粗糙度超差						
			8	两个粗糙度超差						
			4	三个及以上粗糙度超差						
			0	未答题						
2	未注尺寸公差按照 GB 1804—2000	10	10	全部符合未注公差要求						
			8	一个尺寸超差						
			5	两个尺寸超差						
			2	三个及以上尺寸超差						
			0	未答题						
3	$\phi40_{-0.039}^{\ 0}$ mm 外圆公差	15	15	符合公差要求						
			12	超差≤0.015 mm						
			8	0.015 mm<超差≤0.03 mm						
			4	超差>0.03 mm						
			0	未答题						
4	$\phi38_{-0.025}^{\ 0}$ mm 外圆公差	15	15	符合公差要求						
			12	超差≤0.015 mm						
			8	0.015 mm<超差≤0.03 mm						
			4	超差>0.03 mm						
			0	未答题						
5	$\phi20_{-0.021}^{\ 0}$ mm 外圆公差	15	15	符合公差要求						
			12	超差≤0.015 mm						
			8	0.015 mm<超差≤0.03 mm						
			4	超差>0.03 mm						
			0	未答题						
6	$\phi48_{-0.39}^{\ 0}$ mm 外圆公差	10	10	符合公差要求						
			8	超差≤0.015 mm						
			5	0.015 mm<超差≤0.03 mm						
			2	超差>0.03 mm						
			0	未答题						

（续表）

评价要素		配分	等级	评分细则	评定等级					得分
7	$98_{-0.1}^{0}$ mm 长度公差	10	10	符合公差要求						
			8	超差≤0.015 mm						
			5	0.015 mm<超差≤0.03 mm						
			2	超差>0.03 mm						
			0	未答题						
8	安全生产与文明操作	10	10	按要求整理、清洁						
			5	整理、清洁不到位						
			0	没进行整理、清洁						
合计配分		100	合计得分							

以下情况为否决项（出现以下情况本部分不予评分，按 0 分计）：

(1) 任一项的尺寸超差>0.5 mm 以上（≤2 mm 的倒角和倒圆除外），不予评分。

(2) 零件加工不完整（≤2 mm 的倒角和倒圆除外），不予评分。

(3) 零件有严重的碰伤、过切，不予评分。

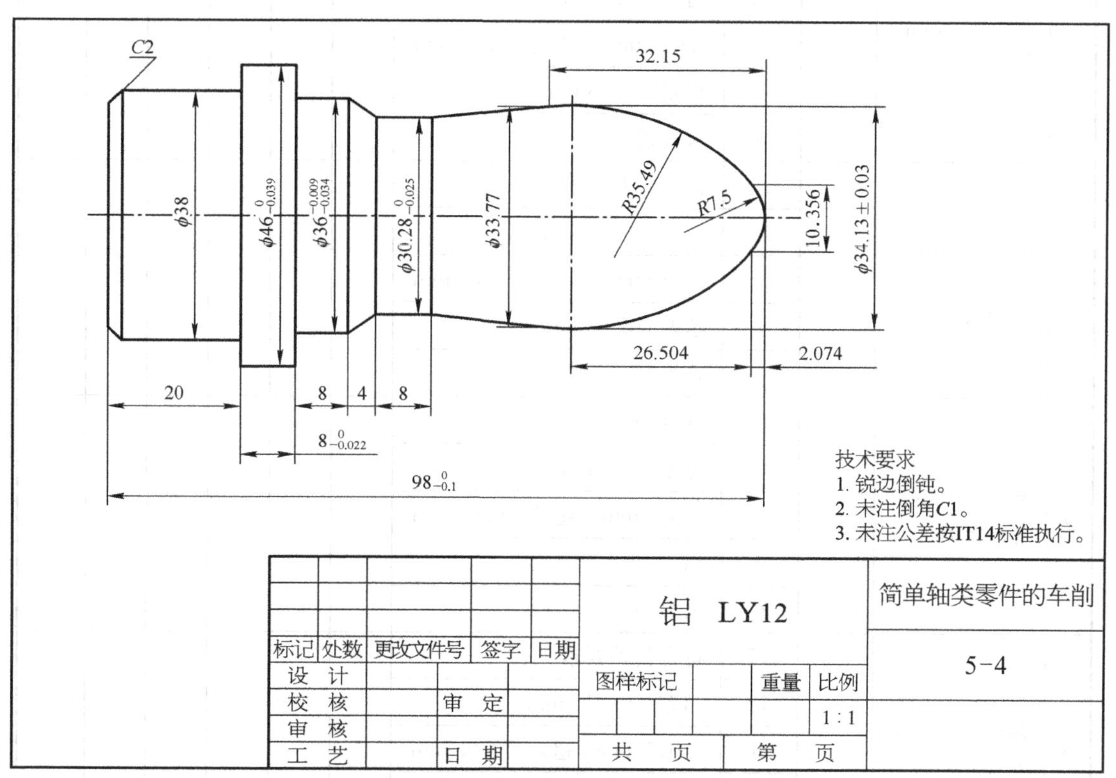

图 5-16　练习图纸（四）

评　分　表

试题代码：5－4　　　　**试题名称：**简单轴类零件的车削

考核时间：150 min

评价要素		配分	等级	评　分　细　则	评定等级					得分
1	表面粗糙度 $Ra3.2\ \mu m$	5	5	全部符合图纸要求						
			4	一个粗糙度超差						
			3	两个粗糙度超差						
			2	三个及以上粗糙度超差						
			0	未答题						
2	未注尺寸公差按照GB 1804—2000	10	10	全部符合未注公差要求						
			8	一个尺寸超差						
			5	两个尺寸超差						
			2	三个及以上尺寸超差						
			0	未答题						
3	$\phi 46_{-0.039}^{0}$ mm 外圆公差	15	15	符合公差要求						
			12	超差≤0.015 mm						
			8	0.015 mm<超差≤0.03 mm						
			4	超差>0.03 mm						
			0	未答题						
4	$\phi 34.13$ mm±0.03 mm 外圆公差	15	15	符合公差要求						
			12	超差≤0.015 mm						
			8	0.015 mm<超差≤0.03 mm						
			4	超差>0.03 mm						
			0	未答题						
5	$\phi 36_{-0.034}^{-0.009}$ mm 外圆公差	15	15	符合公差要求						
			12	超差≤0.015 mm						
			8	0.015 mm<超差≤0.03 mm						
			4	超差>0.03 mm						
			0	未答题						
6	$\phi 30.28_{-0.025}^{0}$ mm 外圆公差	15	15	符合公差要求						
			12	超差≤0.015 mm						
			8	0.015 mm<超差≤0.03 mm						
			4	超差>0.03 mm						
			0	未答题						

（续表）

评价要素		配分	等级	评　分　细　则	评定等级						得分
7	$8_{-0.022}^{0}$ mm 长度公差	15	15	符合公差要求							
			12	超差≤0.015 mm							
			8	0.015 mm<超差≤0.03 mm							
			4	超差>0.03 mm							
			0	未答题							
8	$98_{-0.1}^{0}$ mm 长度公差	5	5	符合公差要求							
			4	超差≤0.015 mm							
			3	0.015 mm<超差≤0.03 mm							
			2	超差>0.03 mm							
			0	未答题							
9	安全生产与文明操作	5	5	按要求整理、清洁							
			3	整理、清洁不到位							
			0	没进行整理、清洁							
合计配分		100	合计得分								

以下情况为否决项(出现以下情况本部分不予评分,按0分计):

(1) 任一项的尺寸超差>0.5 mm以上(≤2 mm的倒角和倒圆除外),不予评分。

(2) 零件加工不完整(≤2 mm的倒角和倒圆除外),不予评分。

(3) 零件有严重的碰伤、过切,不予评分。

项目六　盘、套类零件的车削加工

一、项目描述

通过本项目的学习，学生可以提高数控车削盘、套类零件的技能，掌握相关理论知识。学生在教师指导下能够完成盘、套类零件车削加工任务，并在完成任务过程中养成良好的职业道德和文明生产习惯。达到数控车削加工相关职业技能要求，胜任盘、套类零件车削工作。

二、项目目标

（一）知识目标

（1）理解盘、套类零件车削加工相关工艺知识。

（2）能熟练运用孔加工车削循环指令编程。

（二）技能目标

（1）能识读盘、套类零件图，并对零件结构、技术要求进行分析。

（2）能填写盘、套类零件工艺卡片和刀具卡片。

（3）能进行盘、套类零件的编程并会仿真加工。

（4）能在数控车床上加工盘、套类零件。

（5）能进行盘、套类零件检测。

（三）素质目标

（1）会分析项目中盘、套类零件加工的特点并能应用到实践中。

（2）在加工过程中操作步骤符合数控车床安全技术规范。

（3）在练习过程中能互相协作、提示和竞争。

三、专业知识

（一）盘、套类零件的特性

在机械零件加工，一般把轴套、衬套等零件称为套类零件。套类零件也是机器中常用的零件之一。套类零件的加工基本上是孔的加工，在数控机床上能较方便地加工出IT7～

IT11 级精度的孔。

盘类零件的轴向尺寸一般远小于径向尺寸，且最大外圆直径与最小内圆直径相差较大，并以端面面积大为主要特征。这类零件包括圆盘、台阶盘以及带有其他形状的齿形盘、花盘、轮盘和圆盘形零件等。在这类零件中，较多部分是作为动力部件，配合轴杆类零件传递运动和转矩。

（二）盘、套类零件的加工特点

盘、套类零件的加工和测量与轴类零件相比要困难得多，体现在以下几方面：

（1）因加工在内部进行，观察切削情况较困难。

（2）车刀刀柄尺寸受到限制，刚性差。

（3）排屑和冷却较困难。

（4）装夹时容易变形。

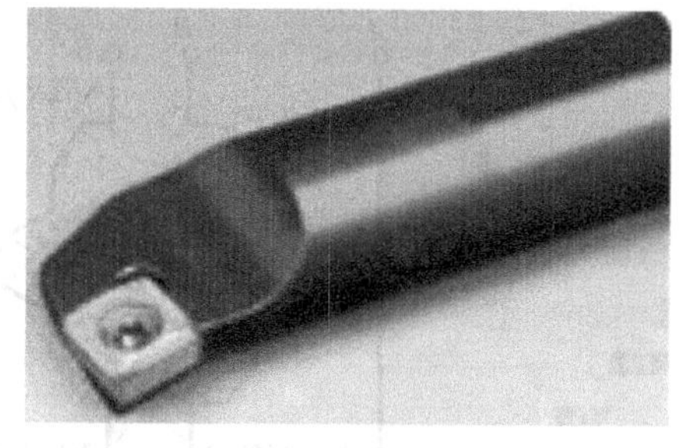

图 6－1　内孔镗刀

（三）选择工、量、刃具

镗孔车刀的选择，要根据底孔的尺寸和内轮廓的形状来选择合理的刀具。

量具选用：游标卡尺（图 6－2），塞规（图 6－3），内径量表（图 6－4），内测千分尺（图 6－5）。

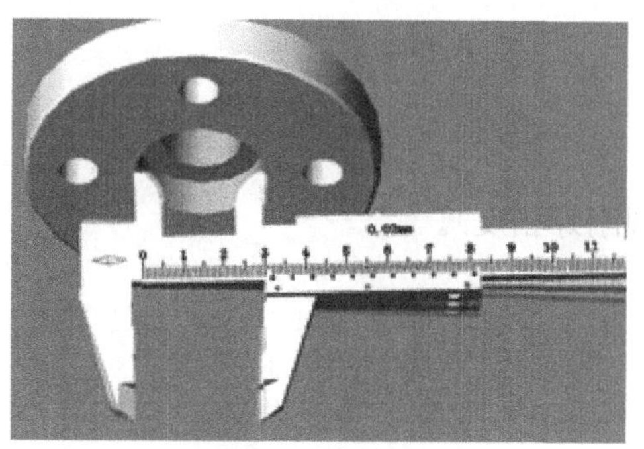

图 6－2　游标卡尺

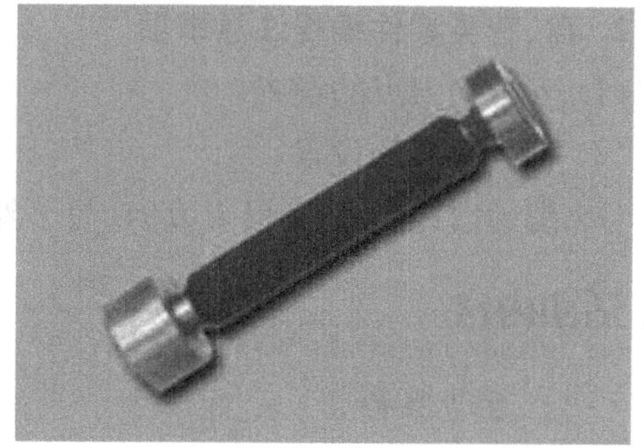

图 6－3　塞规

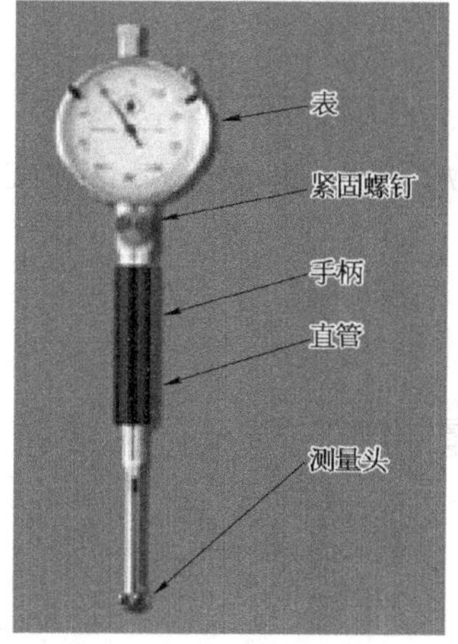

图 6－4　内径量表

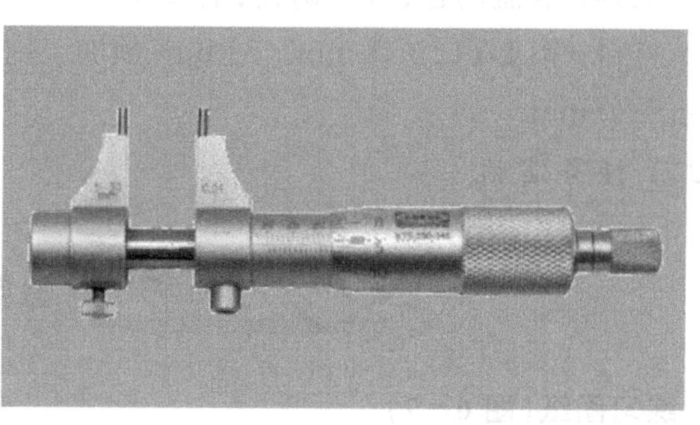

图 6－5　内测千分尺

（四）程序编写格式

1. G71 指令的格式

G71 U(Δd) R(e)

G71 P(ns) Q(nf) U(Δu) W(Δw) F(f);

☆ 通过 Δu 的“+”、“−”号和循环起点来调整加工轮廓的轨迹(图 6-6)。

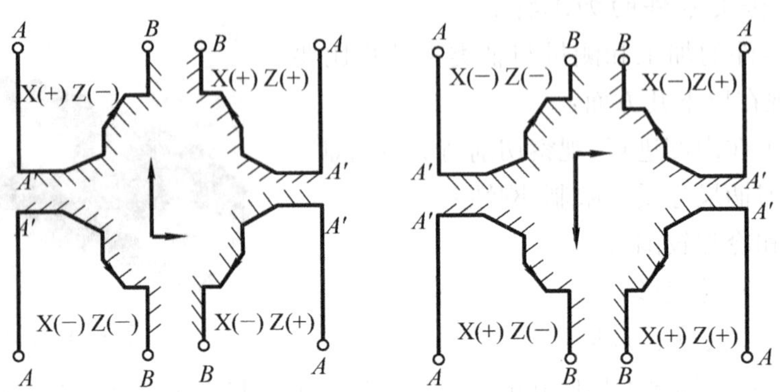

图 6-6 G71 复合循环下 X(Δu)和 Z(Δw)的符号

2. 盘、套类零件编程注意事项

(1) 安全换刀点的设置。

(2) 循环起点的设置。

(3) 退刀时注意 X 轴退刀方向(与车外圆刚好相反)。

四、活动内容

（一）活动准备

(1) 设备：计算机、配套数控仿真软件、投影仪、CK6136 数控车床。

(2) 刀具：90°外圆车刀、镗孔刀。

(3) 量具：游标卡尺、内侧千分尺、外径千分尺。

(4) 工具：卡盘钥匙、刀具钥匙、垫刀片。

(5) 材料：铝 LY12 ϕ48 mm×51 mm 预加工内孔 ϕ20 mm；45 钢 ϕ80 mm×35 mm 预加工内孔 ϕ20 mm。

（二）任务实施

1. 练习图纸(图 6-7)

2. 图纸识读

图 6-8 所示的零件材料为铝合金，由外圆柱面、内圆柱面、内圆弧面组成。零件已做

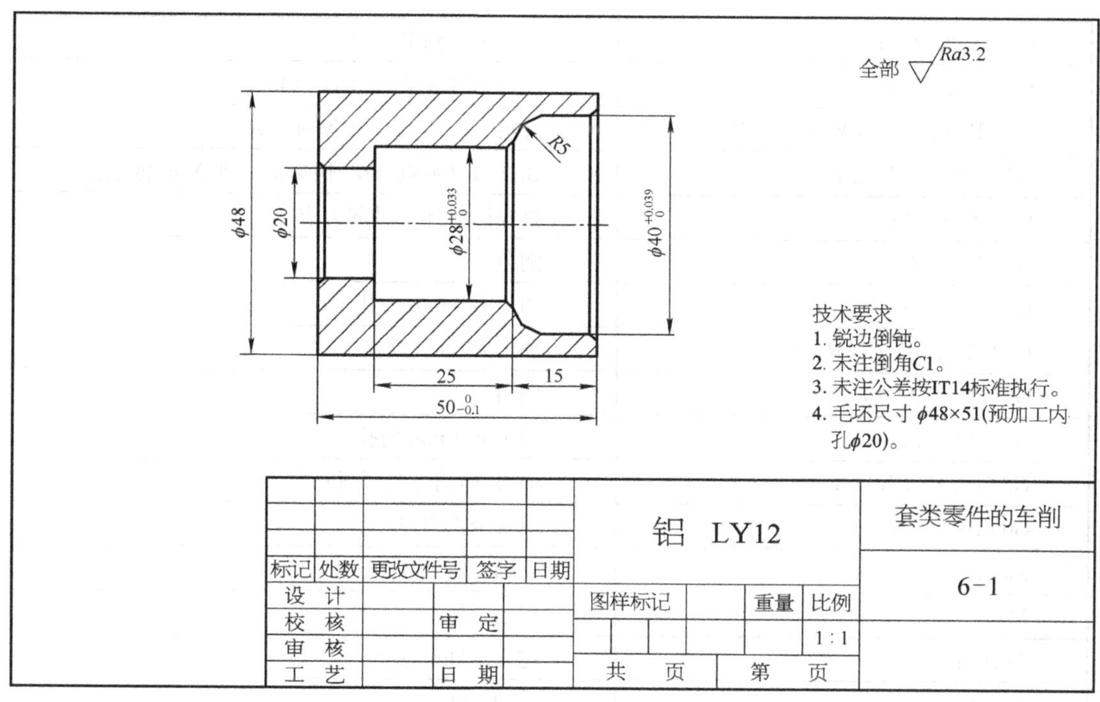

图 6-7　练习图纸(一)

了预加工。本课题只需加工内轮廓。在尺寸要求上，该零件的内孔尺寸 $\phi40^{+0.039}_{0}$ mm、$\phi28^{+0.033}_{0}$ mm，尺寸精度要求较高。

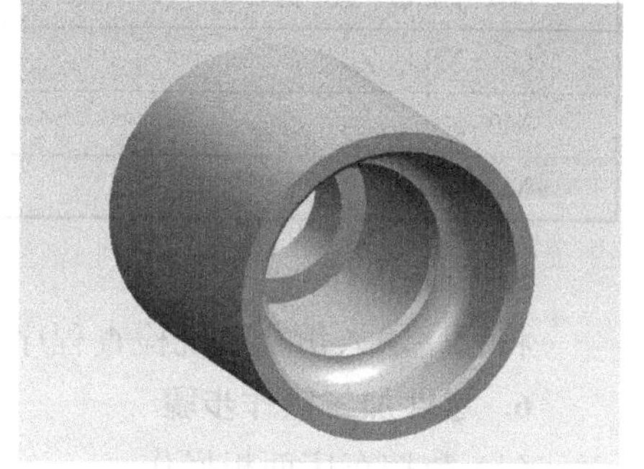

图 6-8　某铝合金零件

对于尺寸精度要求，主要通过在加工过程中的准确对刀、正确测量设置刀补及磨耗，以及正确制定合适的加工工艺等措施来保证。

3. 加工工艺分析

(1) 零件材料：铝 LY12。

(2) 选择工、量、刃具。量具：外径千分尺、内径千分尺、游标卡尺；刃具：93°外圆车刀及内孔车刀。

(3) 确定零件的定位基准和装夹方式：装夹方法采用三爪自定心卡盘自定心夹紧。

4. 车削加工内孔程序编制

车削加工内孔程序编制见表 6-1。

表 6-1　车削加工内孔程序

O0001;	程序名
T0101;	建立工件坐标系
M03 S800;	主轴正转

(续表)

G00 X22. Z5.;	快速定位到定位点
G71 U1. R1.;	设定 G71 复合循环各项参数
G71 P1 Q2 U0.5 W-0.05 F0.2;	设定 G71 复合循环各项参数
N1 G41 G00 X42.;	建立刀具圆弧补偿,快速定位到 X 轴起刀点
G01 Z0 F0.1;	直线插补到 Z 轴起刀点
G01 X40. Z-1.;	倒角
G01 Z-10.;	加工 ϕ40 mm 内孔
G03 X30. Z-15. R5.;	加工 R5 mm 圆弧
G01 X28. Z-16.;	倒角
G01 Z-40.;	加工 ϕ28 mm 内孔
N2 G40 G01 X25.;	退刀,撤销刀具圆弧补偿
G00 X80. Z60.;	回安全换刀点
M05;	主轴停转
M00;	程序暂停
T0101;	建立工件坐标系
M03 S1000;	主轴正转
G00 X22. Z5.;	快速定位到定位点
G70 P1 Q2 F0.1;	G70 精加工语句
G00 X80. Z60.;	回安全换刀点
M05;	主轴停转
M30;	程序结束

5. 仿真操作

将程序输入仿真系统检查程序。

6. 零件加工操作步骤

(1) 数控车床面板操作。

(2) 工件与刀具的装夹。

(3) 对刀及参数设置。

(4) 程序输入。

(5) 试运行。

(6) 零件加工。

(7) 零件检测。

7. 加工注意事项

(1) 注意 G71 指令起刀点的坐标位置。

(2) 注意刀具与零件的正确定位与夹紧。

① 刀杆不要伸出太长,以免加工时刚性不足。

② 刀杆轴线要与机床轴线平行。

③ 确定安全换刀点。

（3）切削参数合理。

（4）套类工件因受刀体强度、排屑状况的影响，所以每次切削深度要少一点，进给量要慢一点。

（5）会正确修改刀具参数控制零件尺寸精度。

（6）注意安全、文明生产、规范操作。

任务二 盘类零件加工

1. 练习图纸

盘类零件的车削练习如图 6-9 所示。

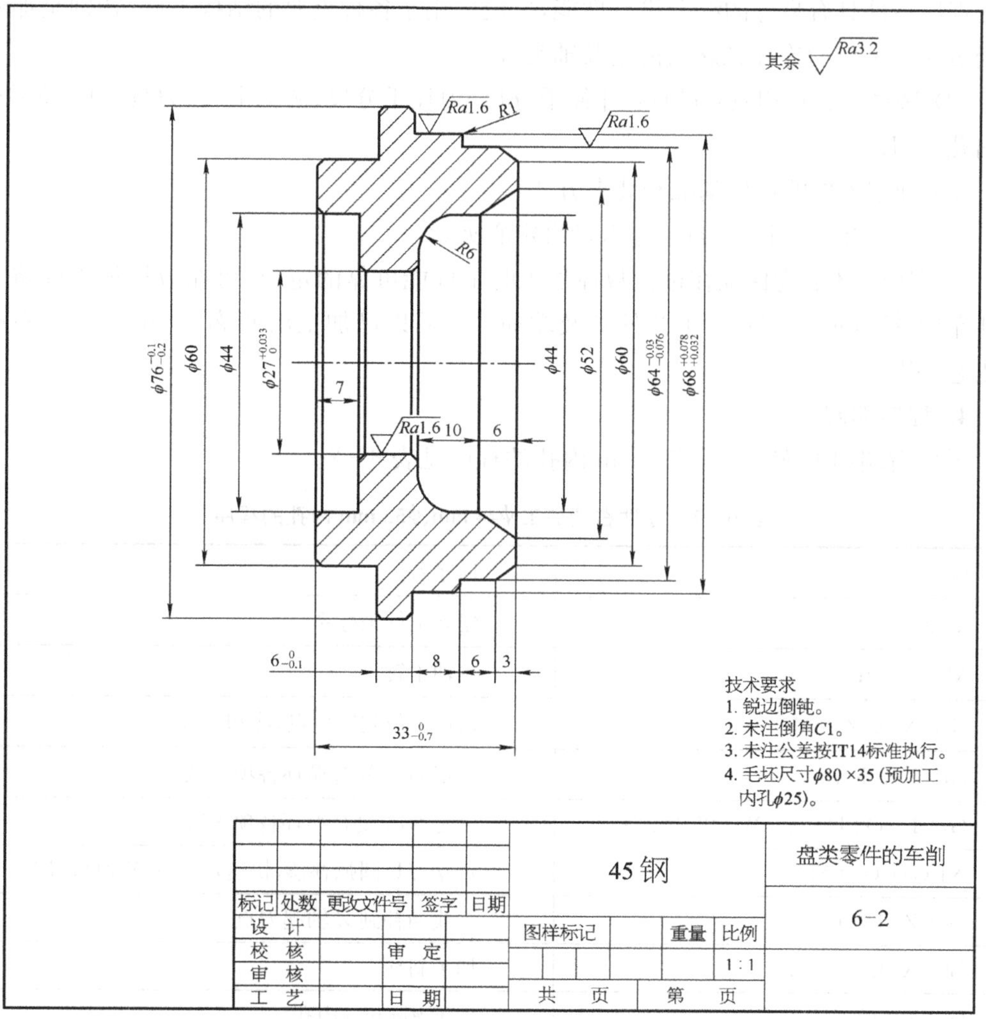

其余 $\sqrt{Ra3.2}$

技术要求
1. 锐边倒钝。
2. 未注倒角C1。
3. 未注公差按IT14标准执行。
4. 毛坯尺寸ϕ80×35（预加工内孔ϕ25）。

					45 钢				盘类零件的车削
标记	处数	更改文件号	签字	日期					6-2
设计					图样标记		重量	比例	
校核		审定						1∶1	
审核									
工艺		日期			共 页		第 页		

图 6-9 练习图纸（二）

图 6-10 典型盘类零件

2. 图纸识读

图 6-10 所示零件属于典型的盘类零件，材料为 45 钢，由内圆面、外圆面及端面等组成，零件已预加工内孔 $\phi25$。在尺寸要求上，该零件的内孔尺寸 $\phi 27^{+0.033}_{0}$ mm、外圆尺寸 $\phi64^{-0.03}_{-0.076}$ mm、$\phi68^{+0.078}_{+0.032}$ mm 及长度尺寸 $6_{-0.1}$ mm 精度要求较高。

对于尺寸精度要求，主要通过在加工过程中的准确对刀、正确设置刀补及磨耗，以及正确制定合适的加工工艺等措施来保证。对于零件表面粗糙度要求，主要通过选用合适的刀具及其几何参数，正确的粗、精加工路线，合理的切削用量及冷却等措施来保证。

3. 加工工艺分析

(1) 零件材料：45 钢是一种中碳钢，广泛用于机械制造。硬度不高，易切削加工，调质处理后零件具有良好的综合机械性能，广泛应用于各种重要的结构零件，特别是那些在交变负荷下工作的连杆、螺栓、齿轮及轴类等。

(2) 选择工、量、刃具：量具：外径千分尺、内径千分尺、游标卡尺；刀具：93°外圆车刀及内孔车刀。

(3) 确定零件的定位基准和装夹方式：

① 装夹方法采用三爪自定心卡盘自定心夹紧。

② 定位基准：为保证在进行数控加工时工件能可靠的定位，可在数控加工前将毛坯右侧车削 $\phi70$ mm×12 mm 工艺外圆及端面。然后以已加工出的 $\phi70$ mm 外圆及右端面为工艺基准。

4. 程序编制

零件右端加工 $\phi44$ mm、$\phi52$ mm 内孔的程序见表 6-2。

表 6-2 零件右端加工 ϕ44 mm、ϕ52 mm 内孔的程序

O0002；	程序名
T0202；	建立工件坐标系
M03 S800；	主轴正转
G00 X20. Z5. M08；	快速定位到定位点，冷却液开
G71 U1. R1.；	设定 G71 复合循环各项参数
G71 P1 Q2 U-0.5 W0.05 F0.2；	设定 G71 复合循环各项参数
N1 G41 G00 X52.；	建立刀具圆弧补偿，快速定位到 X 轴起刀点
G01 Z0 F0.1；	直线插补到 Z 轴起刀点
G01 X44. Z-6.；	加工斜线
G01 Z-10.；	加工 $\phi44$ mm 内孔

（续表）

G03 X32. Z-16. R6.;	加工 $R6$ mm 圆弧
G01 X29.;	加工平面
G01 X27. Z-17.;	倒角
G01 Z-27.;	加工 $\phi27$ mm 内孔
N2 G40 G01 X20.;	退刀，撤销刀具圆弧补偿
G00 X80. Z60.;	回安全换刀点
M05 M09;	主轴停转，冷却液关
M00;	程序暂停
T0202;	建立工件坐标系
M03 S1000;	主轴正转
G00 X20. Z5. M08;	快速定位到定位点，冷却液开
G70 P1 Q2 F0.1;	G70 精加工语句
G00 X80. Z60.;	回安全换刀点
M05 M09;	主轴停转，冷却液关
M30;	程序结束

5. 仿真操作

将程序输入仿真系统检查程序。

6. 零件加工操作步骤

（1）数控车床面板操作。

（2）工件与刀具的装夹。

（3）对刀及参数设置。

（4）程序输入。

（5）试运行。

（6）零件加工。

（7）零件检测。

7. 加工注意事项

（1）安装内孔车刀应避免车刀后刀面干涉，加工前应先检测内孔车刀是否干涉。

（2）零件材料为 45 钢，加工时应充分浇注切削液。

（3）镗孔刀装夹时，注意刀杆的伸出长度。

（4）注意安全换刀点的设置。

（5）工件掉头装夹时，应注意校正工件，否则达不到精度要求；中间 $6_{-0.1}$ mm 的长度尺寸很难保证。

8. 加工质量分析

（1）内孔尺寸精度超差主要是由于没有仔细测量或测量方法有误造成。

（2）孔有锥度可能是由于切削用量不当，车床磨损，刀刃不够锋利，刀杆刚性差而产生让刀等原因造成，车床主轴轴线歪斜，床身导轨严重磨损也是造成所加工孔有锥度的原因。

（3）孔表面粗糙度超差可能是由于切削用量选择不当，产生积屑瘤；或车刀磨损，刀刃不够锋利，切削时刀杆振动造成。如果切屑拉毛已加工表面，则换用正刃倾角的内孔车刀，使切屑流向未加工表面。

五、项目评价

<table>
<tr><td>班级</td><td></td><td>姓名</td><td>职业</td><td>数控车工</td><td>零件图号</td><td colspan="2"></td></tr>
<tr><td colspan="4">操作日期　　日　　时　　分至　　日　　时　　分</td><td></td><td colspan="3"></td></tr>
<tr><td>序号</td><td colspan="2">考核内容及要求</td><td>配分</td><td>评分标准</td><td>自评</td><td>实测</td><td>得分</td></tr>
<tr><td rowspan="3">1</td><td rowspan="3">服装穿戴</td><td>服装穿戴</td><td rowspan="3">10</td><td>穿戴正确</td><td></td><td></td><td></td></tr>
<tr><td>防护眼镜佩戴</td><td>穿戴正确</td><td></td><td></td><td></td></tr>
<tr><td>工作鞋穿着</td><td>穿戴正确</td><td></td><td></td><td></td></tr>
<tr><td rowspan="3">2</td><td rowspan="3">识读零件加工图纸</td><td>看懂图样</td><td>5</td><td>理解图纸表达内容</td><td></td><td></td><td></td></tr>
<tr><td>理解零件加工要求</td><td rowspan="2">5</td><td>叙述加工内容</td><td></td><td></td><td></td></tr>
<tr><td>理解图纸技术要求</td><td>正确描述技术要求</td><td></td><td></td><td></td></tr>
<tr><td rowspan="6">3</td><td rowspan="6">数控加工</td><td>$\phi76_{-0.2}^{-0.1}$ mm</td><td>5</td><td>尺寸符合公差要求</td><td></td><td></td><td></td></tr>
<tr><td>$\phi68_{+0.032}^{+0.078}$ mm</td><td>15</td><td>尺寸符合公差要求</td><td></td><td></td><td></td></tr>
<tr><td>$\phi64_{-0.076}^{-0.03}$ mm</td><td>15</td><td>尺寸符合公差要求</td><td></td><td></td><td></td></tr>
<tr><td>$\phi27_{0}^{+0.033}$ mm</td><td>15</td><td>尺寸符合公差要求</td><td></td><td></td><td></td></tr>
<tr><td>$6_{-0.03}^{0}$ mm</td><td>15</td><td>尺寸符合公差要求</td><td></td><td></td><td></td></tr>
<tr><td>$33_{-0.1}^{0}$ mm</td><td>5</td><td>尺寸符合公差要求</td><td></td><td></td><td></td></tr>
<tr><td rowspan="3">4</td><td rowspan="3">安全文明生产及协作工作</td><td>遵守规章制度</td><td>5</td><td>操作过程遵守规章制度（发生一起违规分数全扣）</td><td></td><td></td><td></td></tr>
<tr><td>保养设备</td><td rowspan="2">5</td><td>设备保养符合日常保养要求</td><td></td><td></td><td></td></tr>
<tr><td>互助与协助精神</td><td>同学之间是否互助和启发</td><td></td><td></td><td></td></tr>
<tr><td colspan="2">合　　计</td><td></td><td>100</td><td></td><td></td><td></td><td></td></tr>
<tr><td colspan="2">项目学习
学生自评</td><td colspan="6"></td></tr>
<tr><td colspan="2">项目学习
教师评价</td><td colspan="6"></td></tr>
</table>

六、项目作业

练习图纸分别见图 6 - 11、图 6 - 12。

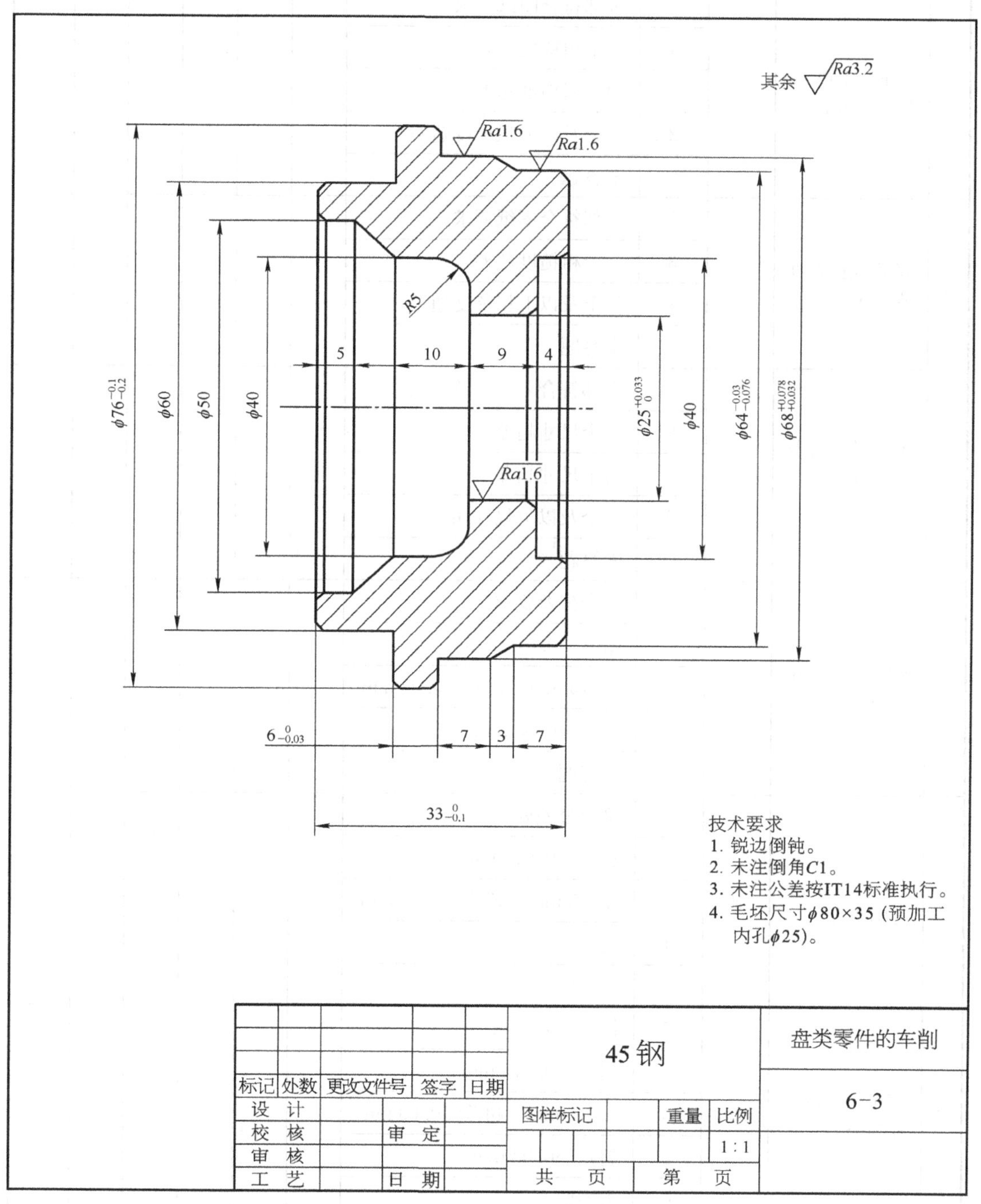

图 6 - 11　练习图纸(三)

评 分 表

试题代码： 6－3　　　　**试题名称：** 盘类零件的车削加工(二)

考核时间： 150 min

评价要素		配分	等级	评 分 细 则	评定等级					得分
1	表面粗糙度 $Ra3.2\ \mu m$	5	5	全部符合图纸要求						
			4	一个粗糙度超差						
			3	两个粗糙度超差						
			2	三个及以上粗糙度超差						
			0	未答题						
2	表面粗糙度 $Ra1.6\ \mu m$	5	5	全部符合图纸要求						
			3	一个粗糙度超差						
			1	两个及以上粗糙度超差						
			0	未答题						
3	未注尺寸公差按照GB 1804—2000	10	10	全部符合未注公差要求						
			8	一个尺寸超差						
			5	两个尺寸超差						
			2	三个及以上尺寸超差						
			0	未答题						
4	$\phi 68^{+0.078}_{+0.032}$ mm 外圆公差	15	15	符合公差要求						
			12	超差≤0.015 mm						
			8	0.015 mm<超差≤0.03 mm						
			4	超差>0.03 mm						
			0	未答题						
5	$\phi 64^{-0.03}_{-0.076}$ mm 外圆公差	15	15	符合公差要求						
			12	超差≤0.015 mm						
			8	0.015 mm<超差≤0.03 mm						
			4	超差>0.03 mm						
			0	未答题						
6	$\phi 76^{-0.1}_{-0.2}$ mm 外圆公差	5	5	符合公差要求						
			4	超差≤0.015 mm						
			3	0.015 mm<超差≤0.03 mm						
			2	超差>0.03 mm						
			0	未答题						

（续表）

评价要素		配分	等级	评　分　细　则	评定等级					得分
7	$\phi 27^{+0.033}_{0}$ mm 内孔公差	15	15	符合公差要求						
			12	超差≤0.015 mm						
			8	0.015 mm＜超差≤0.03 mm						
			4	超差＞0.03 mm						
			0	未答题						
8	$6^{0}_{-0.1}$ mm 长度公差	15	15	符合公差要求						
			12	超差≤0.015 mm						
			8	0.015 mm＜超差≤0.03 mm						
			4	超差＞0.03 mm						
			0	未答题						
9	$33^{0}_{-0.1}$ mm 长度公差	10	10	符合公差要求						
			8	超差≤0.015 mm						
			5	0.015 mm＜超差≤0.03 mm						
			2	超差＞0.03 mm						
			0	未答题						
10	安全生产与文明操作	5	5	按要求整理、清洁						
			3	整理、清洁不到位						
			0	没进行整理、清洁						
合计配分		100	合计得分							

以下情况为否决项（出现以下情况本部分不予评分，按 0 分计）：

（1）任一项的尺寸超差＞0.5 mm 以上（≤2 mm 的倒角和倒圆除外），不予评分。

（2）零件加工不完整（≤2 mm 的倒角和倒圆除外），不予评分。

（3）零件有严重的碰伤、过切，不予评分。

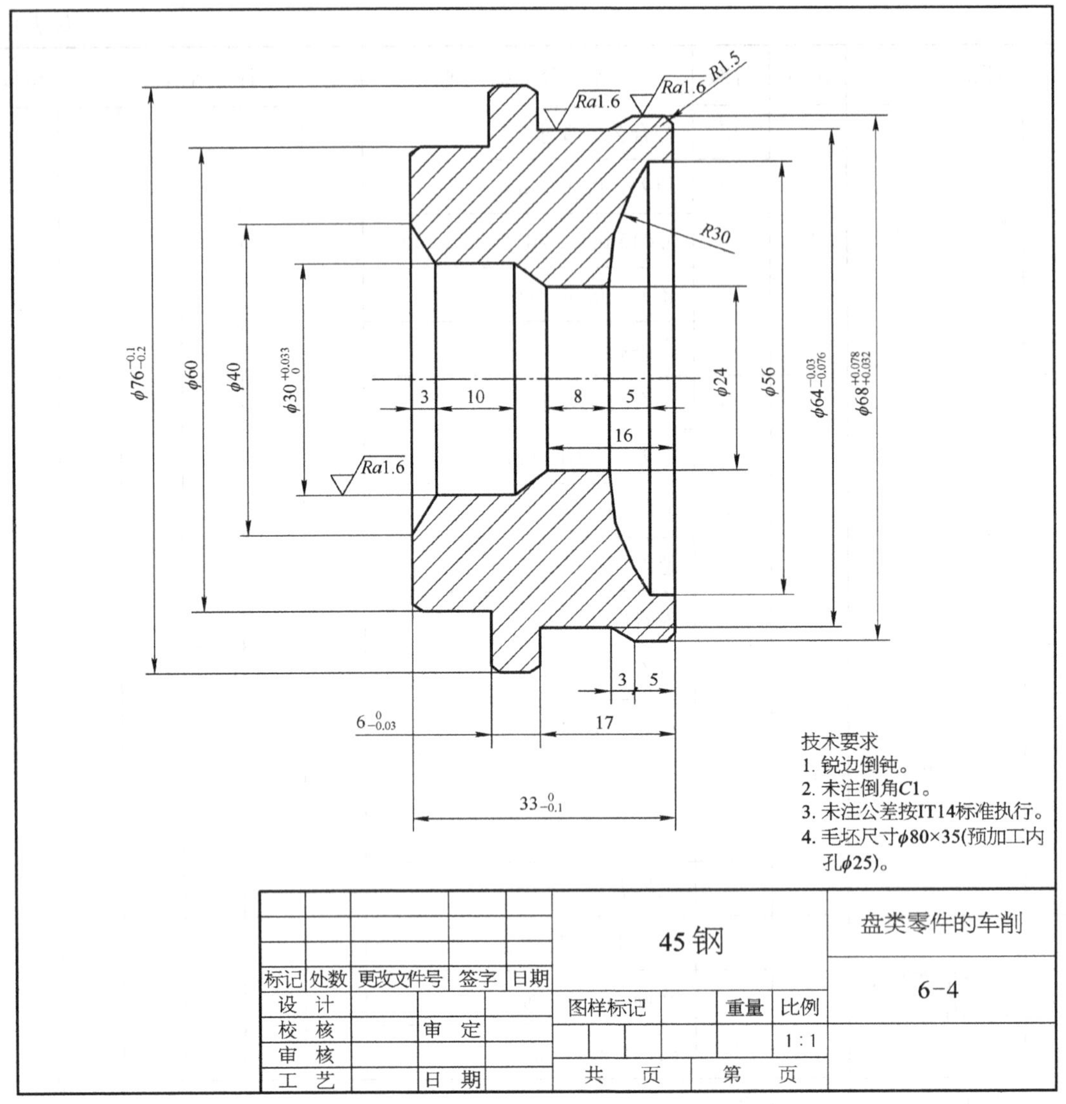

图 6-12 练习图纸(四)

评 分 表

试题代码：6-4　　　　**试题名称**：盘类零件的车削加工(三)

考核时间：150 min

评价要素		配分	等级	评 分 细 则	评定等级					得分
1	表面粗糙度 $Ra3.2\ \mu m$	5	5	全部符合图纸要求						
			4	一个粗糙度超差						
			3	两个粗糙度超差						
			2	三个及以上粗糙度超差						
			0	未答题						

（续表）

评价要素		配分	等级	评　分　细　则	评定等级					得分
2	表面粗糙度 $Ra1.6\ \mu m$	5	5	全部符合图纸要求						
			3	一个粗糙度超差						
			1	两个及以上粗糙度超差						
			0	未答题						
3	未注尺寸公差按照 GB 1804—2000	10	10	全部符合未注公差要求						
			8	一个尺寸超差						
			5	两个尺寸超差						
			2	三个及以上尺寸超差						
			0	未答题						
4	$\phi 68^{+0.078}_{+0.032}$ mm 外圆公差	15	15	符合公差要求						
			12	超差≤0.015 mm						
			8	0.015 mm<超差≤0.03 mm						
			4	超差>0.03 mm						
			0	未答题						
5	$\phi 64^{-0.03}_{-0.076}$ mm 外圆公差	15	15	符合公差要求						
			12	超差≤0.015 mm						
			8	0.015 mm<超差≤0.03 mm						
			4	超差>0.03 mm						
			0	未答题						
6	$\phi 76^{-0.1}_{-0.2}$ mm 外圆公差	5	5	符合公差要求						
			4	超差≤0.015 mm						
			3	0.015 mm<超差≤0.03 mm						
			2	超差>0.03 mm						
			0	未答题						
7	$\phi 30^{+0.033}_{0}$ mm 内孔公差	15	15	符合公差要求						
			12	超差≤0.015 mm						
			8	0.015 mm<超差≤0.03 mm						
			4	超差>0.03 mm						
			0	未答题						

(续表)

评价要素		配分	等级	评分细则	评定等级					得分
8	$6_{-0.03}^{0}$ mm 长度公差	15	15	符合公差要求						
			12	超差≤0.015 mm						
			8	0.015 mm<超差≤0.03 mm						
			4	超差>0.03 mm						
			0	未答题						
9	$33_{-0.1}^{0}$ mm 长度公差	10	10	符合公差要求						
			8	超差≤0.015 mm						
			5	0.015 mm<超差≤0.03 mm						
			2	超差>0.03 mm						
			0	未答题						
10	安全生产与文明操作	5	5	按要求整理、清洁						
			3	整理、清洁不到位						
			0	没进行整理、清洁						
合计配分		100	合计得分							

以下情况为否决项(出现以下情况本部分不予评分,按0分计):

(1) 任一项的尺寸超差>0.5 mm以上(≤2 mm的倒角和倒圆除外),不予评分。

(2) 零件加工不完整(≤2 mm的倒角和倒圆除外),不予评分。

(3) 零件有严重的碰伤、过切,不予评分。

项目七　槽类零件的车削加工

一、项目描述

通过本课题的学习，学生可以掌握槽类零件车削的基本技能，掌握相关理论知识。学生在教师指导下能够完成槽类零件车削加工任务，并在完成任务过程中养成良好的职业道德和文明生产习惯。达到数控车削加工相关职业技能要求，胜任槽类零件车削加工工作。

二、项目目标

(一) 知识目标

(1) 理解槽类零件车削加工相关工艺知识。

(2) 能熟练运用 G75 车削槽类指令编程。

(3) 能熟练运用子程序编程车削多槽类零件。

(二) 技能目标

(1) 能识读槽类零件图，并对零件结构、技术要求进行分析。

(2) 能填写槽类零件工艺卡片和刀具卡片。

(3) 能进行内、外槽类零件的编程并会仿真加工。

(4) 能在数控车床上加工槽类零件。

(5) 能进行槽类零件检测。

(三) 素质目标

(1) 会分析项目中槽类零件加工的特点并能应用到实践中。

(2) 在加工过程中操作步骤符合数控车床安全技术规范。

(3) 在练习过程中能互相协作、提示和竞争。

三、专业知识

(一) 槽类零件的特性

沟槽的形状和种类很多，常用的外沟槽有矩形沟槽、圆弧形沟槽、梯形沟槽等

(图 7-1)。

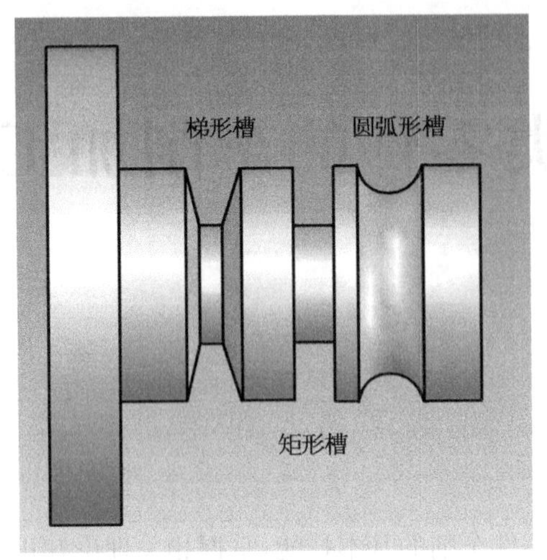

图 7-1 槽类零件

图 7-2 切槽刀

矩形沟槽的作用是使所装配的零件有正确的轴向定位。有时还可以作退刀槽用。

(二) 选择工、量、刃具

(1) 槽类车刀(图 7-2)。

(2) 槽类的测量和检查(图 7-3)。

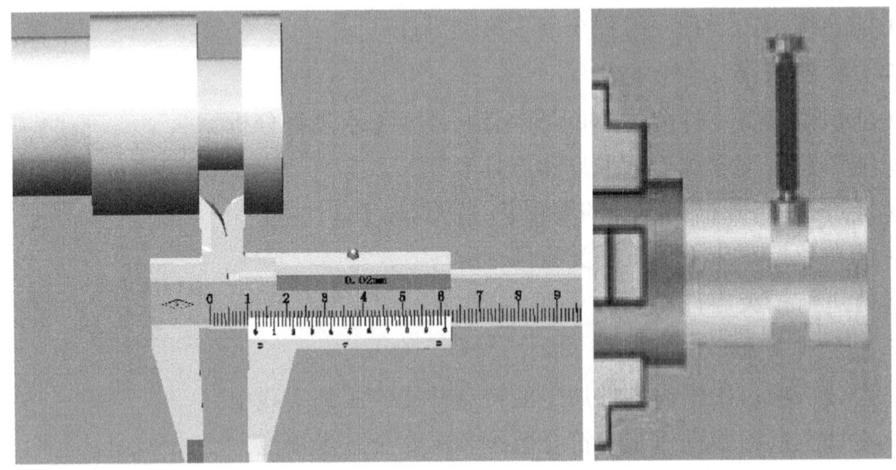

图 7-3 可用游标卡尺和塞规结合测量外沟槽宽

(三) 窄槽加工方法

当槽宽度尺寸不大,精度不高的外沟槽可用刀头宽度等槽宽的切槽刀,一次进给切出。编程时还可以用 G04 指令在刀具切至槽底时停留一定时间,以光整槽底。精度要求较高的沟槽，一般采用二次进给车成，即第一次进给车槽时，槽壁两侧留精车余量，第二次进给修正（图 7-4）。

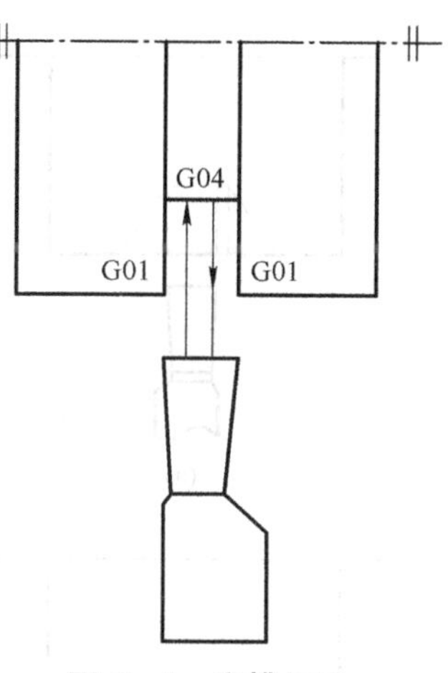

图 7-4　窄槽加工

（四）宽槽加工方法

当槽宽度尺寸大于切槽刀刀头宽度，应采用多次进给法加工，并在槽底及槽壁两侧留有一定精车余量，然后根据槽底、槽宽尺寸进行精加工。宽槽加工刀具路线如图 7-5 所示。

（五）圆弧槽加工方法

加工半圆弧或圆弧半径较小的圆弧表面如图 7-6 所示，采用 $R2$ 的成型车刀直径法车出。

精度要求不高，圆弧半径较大时也可采用尖头刀。

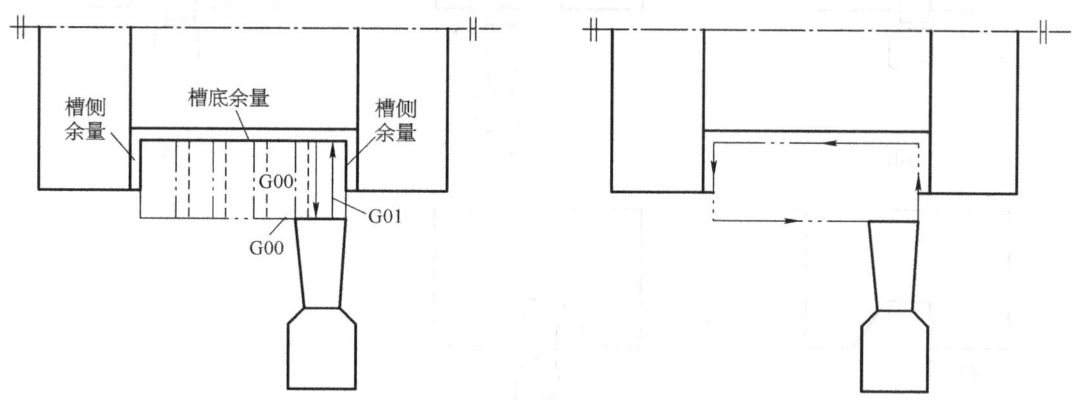

图 7-5　宽槽加工刀具路线

图 7-6　圆弧槽加工

（六）梯形槽加工方法

较小的梯形槽一般用成形刀车削完成。较大的梯形槽，通常先车直槽，然后用梯形刀直径法或左右切削法完成。宽梯形槽加工刀具路线如图 7-7 所示。

在加工梯形槽的整个程序中应采用左、右两个刀位点，要注意坐标点的正确计算。

（七）程序编写格式

1. 外径切槽循环指令 G75

外径切槽循环功能适合于在外圆面上切削深度、宽度加大的沟槽或切断加工。

指令格式：G75 R(e)

G75 X(U)_ Z(W)_ P(Δi)_ Q(Δk)_ R(Δd)_ F(f)_

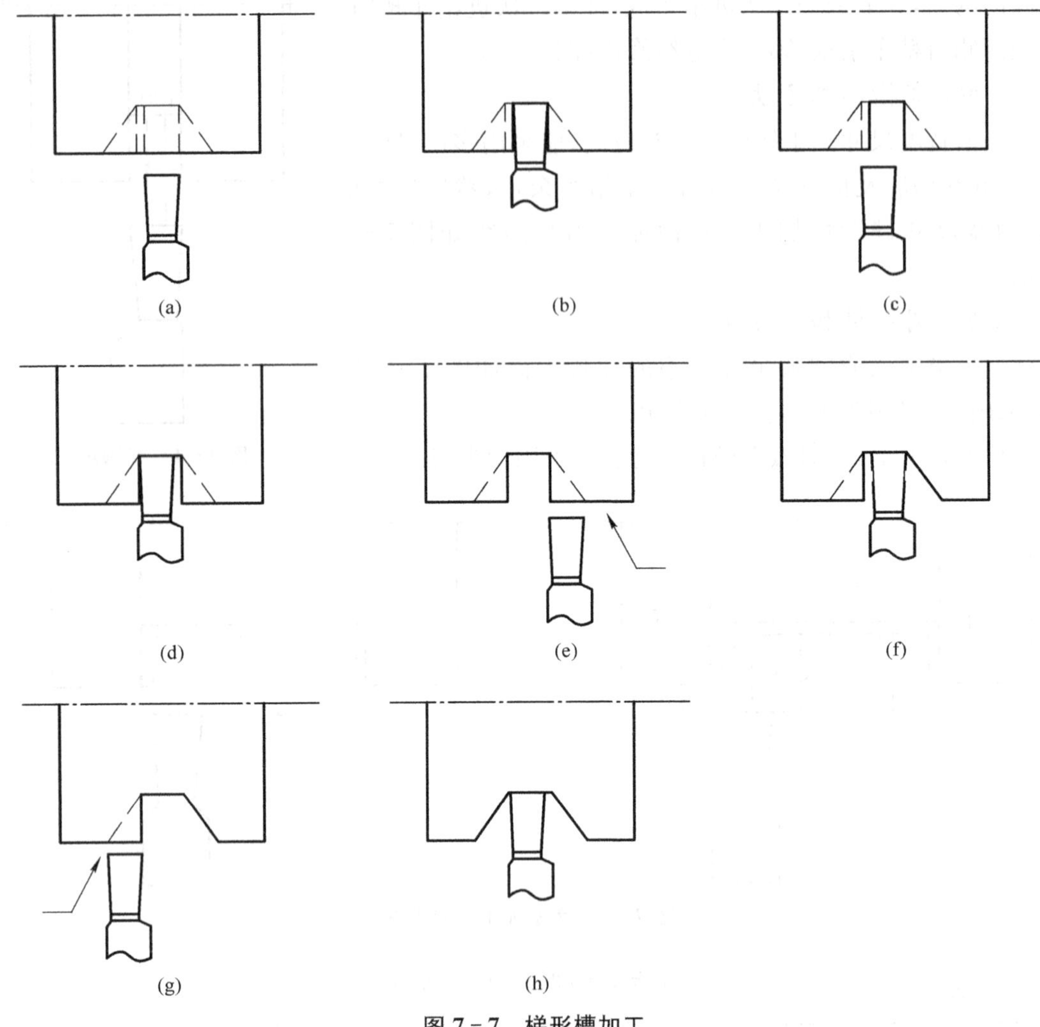

图 7－7 梯形槽加工

式中，e 为退刀量；X 为槽底 X 坐标；U 为增量坐标；Z 为槽底 Z 坐标；W 为增量坐标；Δi 为 X 方向的移动量；ΔK 为 Z 方向切深；Δd 为刀具在切削底部的退刀量；F 为进给速度。

2. 暂停指令 G04

(1) G04 X_：X 为暂停时间，可用带小数点的数，单位为 s。

(2) G04 P_：P 为暂停时间，不允许带小数点的数，单位为 ms。

3. 调用子程序 M98

某些被加工的零件中，常常会出现几何形状完全相同的加工轨迹，所以在编制加工程序时，会有一些固定顺序和重复模式的程序段出现在多个程序中。为了简化编程，可将这些固定顺序和重复模式的典型加工程序段按一定格式编成子程序，然后输入到存储器中。

主程序在执行过程中，如果需要某一子程序，可以通过一定格式的子程序调用指令来调用该子程序。子程序执行完后，返回到主程序，继续执行后面的程序段。

子程序一般用于以下几种情况：工件上有若干个相同的轮廓形状；加工中经常出现几何形状完全相同的加工轨迹；某一轮廓或形状需要分层加工。

1）调用子程序 M98 指令

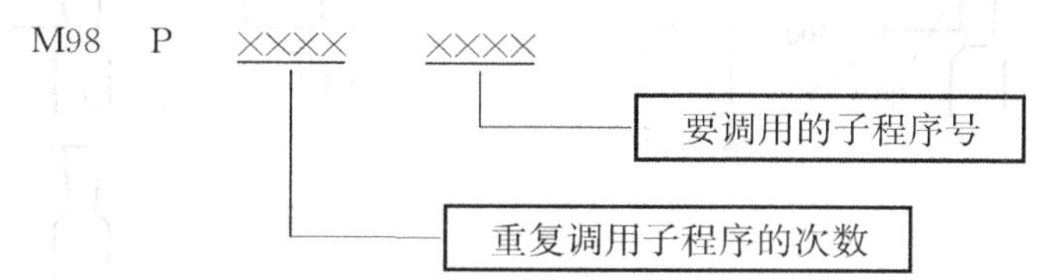

说明：省略循环次数时，默认循环次数为一次。

2）子程序的嵌套

在复杂零件加工中，会出现在相同的加工内容中还包含有重复加工的部分，这种在子程序中再划分次级子程序的方法称为子程序的嵌套（图 7－8）。主程序调用两重子程序，即主程序调用一个主程序，而子程序又可以调用另一个子程序。

主程序　子程序A　子程序B
调子程序A　调子程序B
返回主程序　返回子程序A

图 7－8　子程序的嵌套

FANUC－0i 控制系统可以嵌套四级：

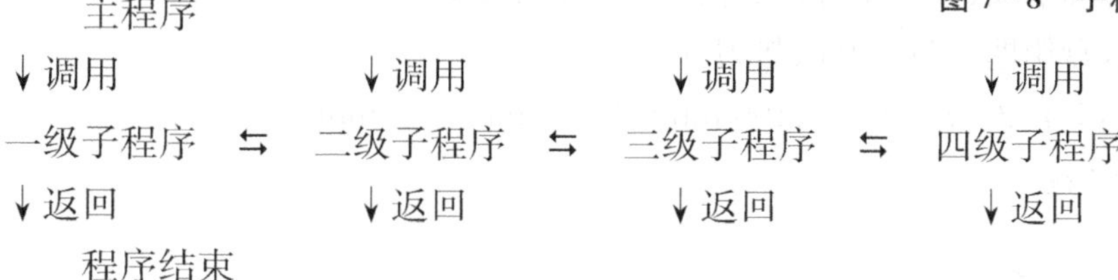

3）子程序的格式

O(或：N)××××

……

M99

式中，O(或：N)为子程序号，表示子程序开始；O 是 EIA 代码；：N 是 ISO 代码。

M99 指令为子程序结束，并返回主程序 M98 P_______ _______ 的下一程序段，继续执行主程序。

循环次数　子程序号

4. 外沟槽编程注意事项

（1）切槽刀有左、两个刀尖及切削刃中心处等三个刀位点。在整个加工程序中应采用同一个刀位点，一般采用左侧刀尖作为刀位点，对刀、编程较方便。

（2）切槽过程中退刀路线应合理，避免撞刀；切槽后应先沿 X 向退出刀具，再沿 Z 向退刀（图 7－9）。

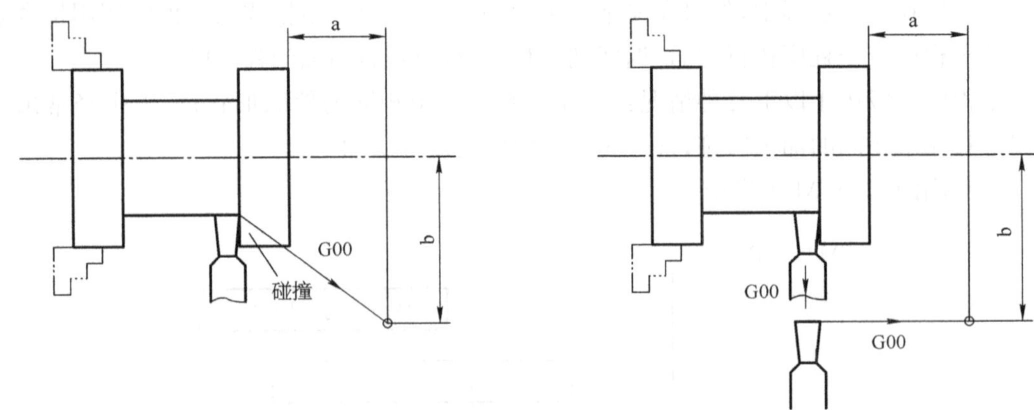

图 7-9 切槽过程中的退刀

(3) 切槽刀采用左侧刀尖作刀位点,编程时刀头宽度应考虑在内。

四、活动内容

(一) 活动准备

(1) 设备:计算机、配套数控仿真软件、投影仪、CK6136 数控车床。

(2) 刀具:90°外圆车刀、镗孔刀、60°外槽类车刀、内槽类车刀。

(3) 量具:游标卡尺、内侧千分尺、外径千分尺、槽类环规。

(4) 工具:卡盘钥匙、刀具钥匙、垫刀片。

(5) 材料:铝 LY12 ϕ50 mm×100 mm(孔 ϕ20 mm×35 mm)。

(二) 任务实施

任务一 车削加工矩形槽类零件

1. 练习图纸(图 7-10)

2. 图纸识读

该零件材料为铝合金,由内、外圆柱面,平面,内、外矩形槽类等形体组成。

外圆柱表面上有一外矩形槽,槽宽 4 mm,槽深 2 mm,属于窄槽加工,选刃宽为 4 mm 的外槽刀一次进给完成切削。另一外矩形槽,槽底宽 10 mm,槽深 8 mm,属于宽槽,选刃宽为 4 mm 的外槽刀,采用径向槽复合循环 G75 完成切削。

内圆柱表面上有两条内矩形槽,槽宽 4 mm,槽深 2 mm,属于窄槽加工,选刃宽为 4 mm的内槽刀一次进给完成切削。

3. 加工工艺分析

(1) 零件材料:铝 LY12 ϕ50 mm×100 mm(孔 ϕ20 mm×35 mm)。

(2) 选择工、量、刃具。量具:外径千分尺、内径千分尺、游标卡尺;刀具:93°外圆车

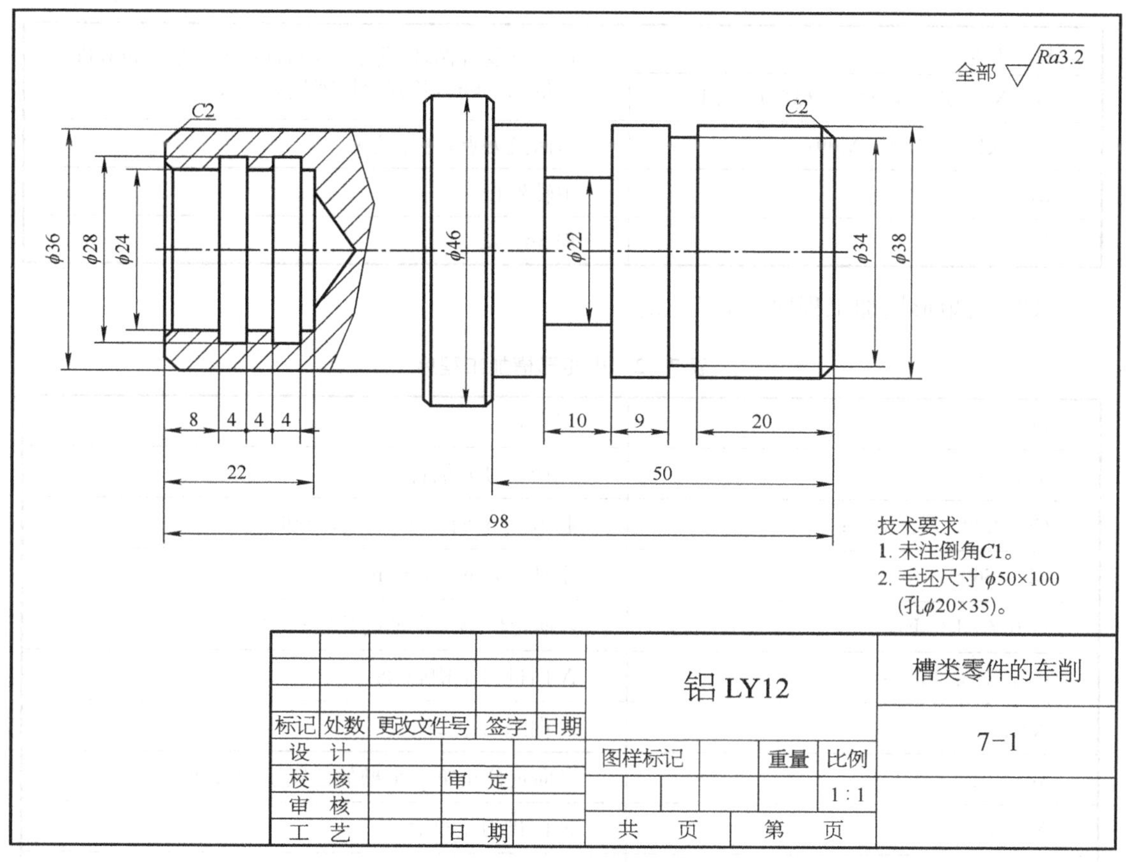

图 7-10　练习图纸(一)

刀、刃宽 4 mm 外槽车刀、刃宽 4 mm 内槽车刀。

(3) 确定零件的定位基准和装夹方式：装夹方法采用三爪自定心卡盘自定心夹紧。

4. 矩形槽加工程序编制

(1) 外矩形槽加工程序见表 7-1。

表 7-1　外矩形槽加工程序

O0001；	程序名
T0303；	选择 3 号刀偏置
G00 X52. Z5. M08；	起刀点 X 向、Z 向定位，冷却液开
M03 S800；	主轴正转 800 r/min
G00 Z-24.；	Z 向定位第一个槽的位置-24
G01 X34. F0.1；	X 向进刀至槽底 34
X52.；	X 向退刀至 52
G00 Z-37.；	Z 向定位至第二个槽的位置-37

(续表)

G75 R0.5;	径向槽复合循环,每次径向背吃刀量为 2 mm,进给量 0.1 mm,Z 方向切削量 3.5 mm
G75 X22. Z-43. P2000 Q3500 F0.1;	
G00 X100. Z100. M09;	退回换刀点,冷却液关
M05;	主轴停止
M30;	程序结束

(2) 内矩形槽加工程序见表 7-2。

表 7-2 内矩形槽加工程序

O0002;	程序名
T0202;	选择 2 号刀偏置
G00 X22. Z5. M08;	起刀点 X 向、Z 向定位,冷却液开
M03 S600;	主轴正转 600 r/min
G00 Z-12. F1.;	Z 向定位第一个槽的位置-12
G01 X28. F0.1;	X 向进刀至槽底 28
X22.;	X 向退刀至 22
W-4.;	Z 向定位至第二个槽的位置增量移动-4
X28.;	X 向进刀至槽底 28
X22.;	X 向退刀至 22
G00 Z100. ;	Z 向退刀
X100. M09;	退回换刀点,冷却液关
M05;	主轴停止
M30;	程序结束

5. 仿真操作

将程序输入仿真系统检查程序。

6. 零件加工操作步骤

(1) 数控车床面板操作。

(2) 工件与刀具的装夹。

(3) 对刀及参数设置。

(4) 程序输入。

(5) 试运行。

(6) 零件加工。

(7) 零件检测。

7. 加工注意事项

(1) 切槽刀刀头强度低，易折断，安装时应按要求严格装夹。

(2) 加工时使用两把车刀，对刀时不要弄错每把刀具的刀具号及补偿号。

(3) 对刀时，外圆车刀采用试切端面、外圆方法进行。切槽刀不能再切端面；否则，加工后零件长度会发生变化。

(4) 注意刀具与零件的正确定位与夹紧确定安全换刀点。

(5) 对刀时，刀具接近工件过程中，进给倍率要小，以免产生撞刀现象。

(6) 会正确修改刀具参数控制零件尺寸精度。

(7) 注意安全，文明生产，规范操作。

任务二　车削加工车削加工多槽轴

1. 练习图纸(图 7－11)

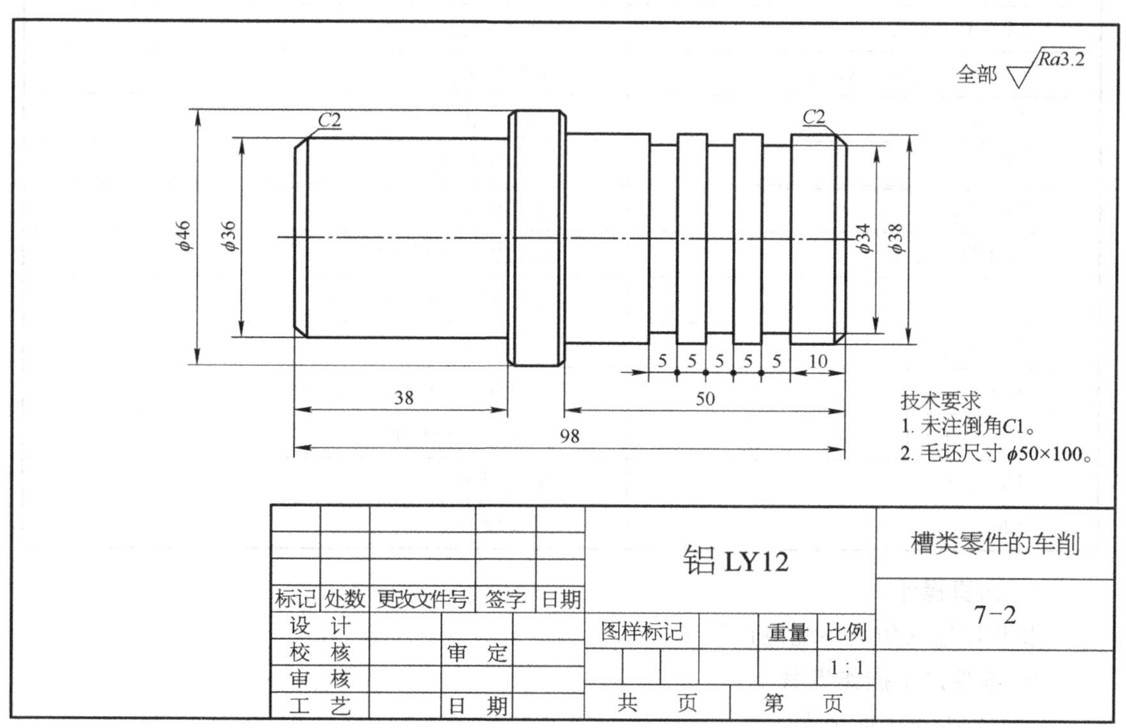

图 7－11　练习图纸(二)

2. 图纸识读

该零件材料为铝合金，零件右端带有三条相同结构尺寸的矩形槽。零件的外槽槽底宽为 5 mm，槽深 2 mm，选用刃宽为 4 mm 的外槽车刀通过借刀法加工完成。

因为三条槽具有相同的结构尺寸，所以采用子程序编制多槽的加工程序完成切削。

3. 加工工艺分析

(1) 零件材料：铝 LY12 ϕ50 mm×100 mm。

(2) 选择工、量、刃具。量具：外径千分尺、游标卡尺；刀具：93°外圆车刀、刃宽 4 mm 外槽车刀。

(3) 确定零件的定位基准和装夹方式：装夹方法采用三爪自定心卡盘自定心夹紧。

4. 程序编制

子程序应用见表 7-3。

表 7-3 子程序的调用

O0001;	主程序名
T0202	选择 2 号刀偏置
G00 X40. Z5.	X 向、Z 向定位
M03 S800;	主轴正转 800 r/min
G00 Z-9. M08;	快速移动到第一个槽的切削起点
M98 P30002;	调用子程序 O0002 共三次
G00 X80. Z50. M09;	退回换刀点
M05;	主轴停止
M30;	主程序结束
O0002;	子程序名
G01 W-5. F0.3;	左刀尖对准槽左侧
U-6. F0.1;	槽类刀 X 向、Z 向定位
U6. F0.3;	X 向进刀至槽底
W-1.;	Z 向移动 1 mm，控制槽宽
U-6. F0.1;	X 向进刀至槽底
U6. F0.3;	X 向退刀
M99;	子程序结束

5. 仿真操作

将程序输入仿真系统检查程序。

6. 零件加工操作步骤

(1) 数控车床面板操作。

(2) 工件与刀具的装夹。

(3) 对刀及参数设置。

(4) 程序输入。

(5) 试运行。

(6) 零件加工。

(7) 零件检测。

任务三　车削加工梯形槽及圆弧槽

1. 练习图纸(图 7－12)

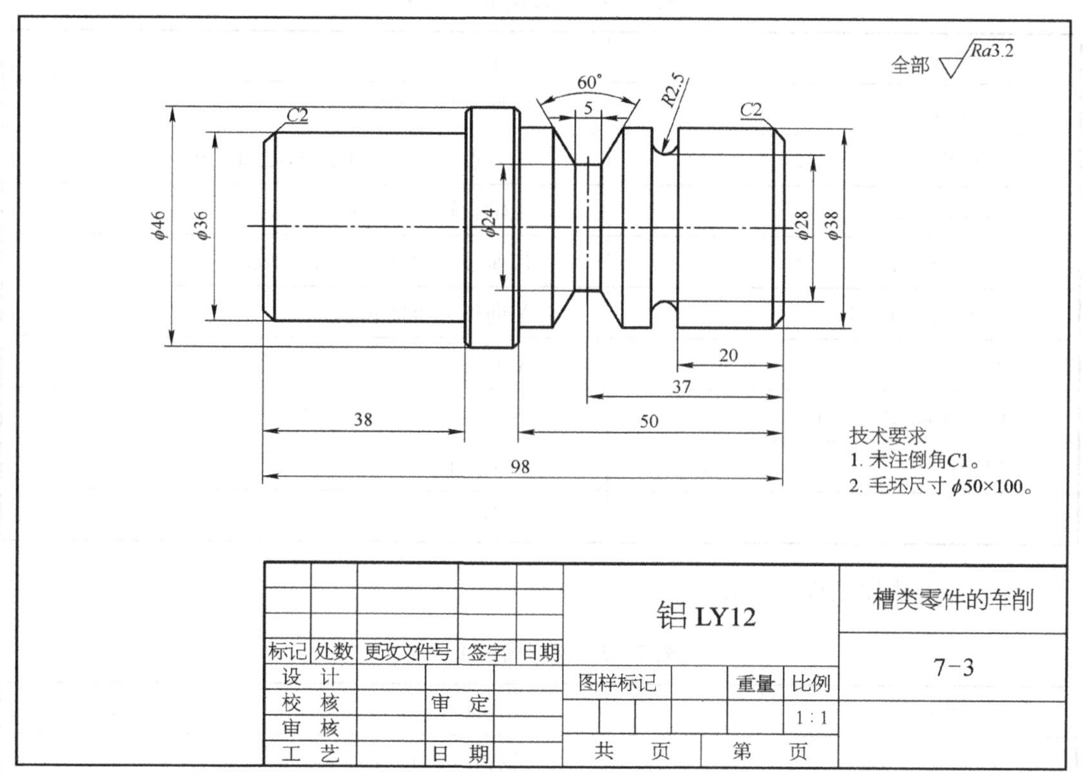

图 7－12　练习图纸(三)

2. 图纸识读

该零件材料为铝合金，零件右端轮廓包含梯形槽和圆弧槽。梯形槽采用先车直槽，然后割槽刀的两个刀位点两次斜向进给完成。圆弧槽的圆弧半径较小采用 $R2.5$ mm 的成型车刀直径法车出。

3. 加工工艺分析

(1) 零件材料：铝 LY12　ϕ50 mm×100 mm。

(2) 选择工、量、刃具。量具：外径千分尺、游标卡尺；刀具：93°外圆车刀、刃宽 4 mm 外槽车刀、$R2.5$ mm 的圆弧车刀。

(3) 确定零件的定位基准和装夹方式：装夹方法采用三爪自定心卡盘自定心夹紧。

(4) 计算梯形槽切削加工基点坐标(图 7－13)。

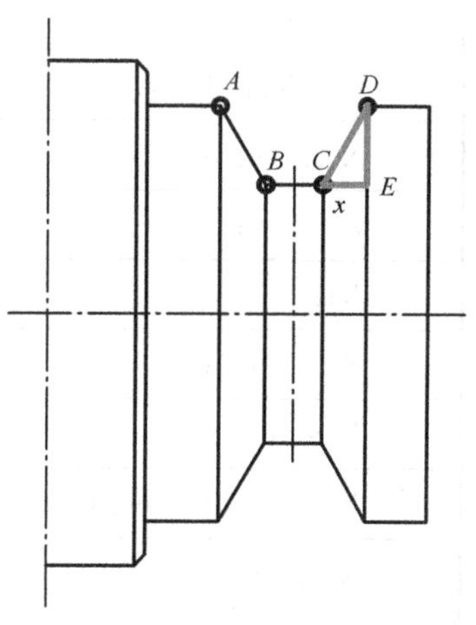

图 7－13　梯形槽切削加工基点坐标

$$x = DE \times \tan 30^\circ$$

4. 程序编制

(1) 圆弧槽加工程序见表 7-4。

表 7-4 圆弧槽加工程序

O0001;	程序名
T0202;	选择 2 号刀偏置
G00 X40. Z5. M08;	起刀点 X 向、Z 向定位,冷却液开
M03 S800;	主轴正转 800 r/min
G00 Z-25.;	快速移动到圆弧槽的切削起点
G01 X28. F0.1;	X 向进刀至槽底 28
X52.;	X 向退刀至 52
G00 X80. Z50. M09;	退回换刀点,冷却液关
M05;	主轴停止
M30;	程序结束

(2) 梯形槽加工程序见表 7-5。

表 7-5 梯形槽加工程序

O0002;	程序名
T0303;	选择 3 号刀偏置
G00 X40. Z5. M08;	起刀点 X 向、Z 向定位,冷却液开
M03 S800;	主轴正转 800 r/min
G00 Z-38.5	快速移动到切削起点
G01 X24. F0.1;	X 向进刀至槽底
X42. F0.3;	X 向退刀
Z-39.5;	Z 向移动保证槽底宽度
X42. F0.3;	X 向退刀
Z-34.459;	Z 向定位
X38.;	X 向定位
X24. Z-38.5 F0.1;	切削梯形槽右端斜面
X42. F0.3;	X 向退刀
Z-43.541;	Z 向定位

（续表）

X38.；	X 向定位
X24. Z-39.5 F0.1；	切削梯形槽左端斜面
X42. F0.3；	X 向退刀
G00 X80. Z50. M09；	退回换刀点，冷却液关
M05；	主轴停止
M30；	程序结束

5. 仿真操作

将程序输入仿真系统检查程序。

6. 零件加工操作步骤

（1）数控车床面板操作。

（2）工件与刀具的装夹。

（3）对刀及参数设置。

（4）程序输入。

（5）试运行。

（6）零件加工。

（7）零件检测。

7. 槽加工质量分析

（1）槽的一侧或两侧面出现小台阶。

（2）槽底出现倾斜。

（3）槽的侧面呈现凹凸面。

（4）槽的两侧面倾斜。

8. 对常见问题现象、产生原因与预防方法的分析

1）问题分析举例

切槽开始或过程中出现较强振动，表现为刀具出谐振现象，严重时车床也会一起产生谐振，切削不能继续。分析产生原因及预防方法。

2）产生原因

（1）工件装夹不正确。

（2）刀具安装不正确。

（3）进给速度过低。

3）预防方法

（1）检查工件安装，增加安装刚性。

（2）调整刀具安装位置。

（3）提高进给速度。

五、项目评价

<table>
<tr><td>班级</td><td></td><td>姓名</td><td></td><td>职业</td><td>数控车工</td><td>零件图号</td><td colspan="3"></td></tr>
<tr><td colspan="7">操作日期　　日　时　分至　日　时　分</td><td colspan="3"></td></tr>
<tr><td>序号</td><td colspan="3">考核内容及要求</td><td>配分</td><td>评分标准</td><td colspan="2"></td><td>自评</td><td>实测</td><td>得分</td></tr>
<tr><td rowspan="3">1</td><td rowspan="3">服装穿戴</td><td colspan="2">服装穿戴</td><td rowspan="3">10</td><td>穿戴正确</td><td></td><td></td><td></td></tr>
<tr><td colspan="2">防护眼镜佩戴</td><td>穿戴正确</td><td></td><td></td><td></td></tr>
<tr><td colspan="2">工作鞋穿着</td><td>穿戴正确</td><td></td><td></td><td></td></tr>
<tr><td rowspan="3">2</td><td rowspan="3">识读零件加工图纸</td><td colspan="2">看懂图样</td><td>5</td><td>理解图纸表达内容</td><td></td><td></td><td></td></tr>
<tr><td colspan="2">理解零件加工要求</td><td rowspan="2">5</td><td>叙述加工内容</td><td></td><td></td><td></td></tr>
<tr><td colspan="2">理解图纸技术要求</td><td>正确描述技术要求</td><td></td><td></td><td></td></tr>
<tr><td rowspan="6">3</td><td rowspan="6">数控加工</td><td colspan="2">10 mm 外矩形槽</td><td>10</td><td>尺寸正确</td><td></td><td></td><td></td></tr>
<tr><td colspan="2">4 mm 外矩形槽</td><td>10</td><td>尺寸正确</td><td></td><td></td><td></td></tr>
<tr><td colspan="2">4 mm 内矩形槽</td><td>10</td><td>尺寸正确</td><td></td><td></td><td></td></tr>
<tr><td colspan="2">5 mm 外矩形槽</td><td>10</td><td>尺寸正确</td><td></td><td></td><td></td></tr>
<tr><td colspan="2">梯形槽</td><td>20</td><td>尺寸正确</td><td></td><td></td><td></td></tr>
<tr><td colspan="2">R2.5 mm 圆弧槽</td><td>10</td><td>尺寸正确</td><td></td><td></td><td></td></tr>
<tr><td rowspan="3">4</td><td rowspan="3">安全文明生产及协作工作</td><td colspan="2">遵守规章制度</td><td>5</td><td>操作过程遵守规章制度(发生一起违规全扣)</td><td></td><td></td><td></td></tr>
<tr><td colspan="2">保养设备</td><td rowspan="2">5</td><td>设备保养符合日常保养要求</td><td></td><td></td><td></td></tr>
<tr><td colspan="2">互助与协助精神</td><td>同学之间是否互助和启发</td><td></td><td></td><td></td></tr>
<tr><td colspan="2">合　计</td><td colspan="2"></td><td>100</td><td></td><td></td><td></td><td></td></tr>
<tr><td colspan="2">项目学习学生自评</td><td colspan="7"></td></tr>
<tr><td colspan="2">项目学习教师评价</td><td colspan="7"></td></tr>
</table>

六、项目作业

练习图纸分别见图 7－14、图 7－15。

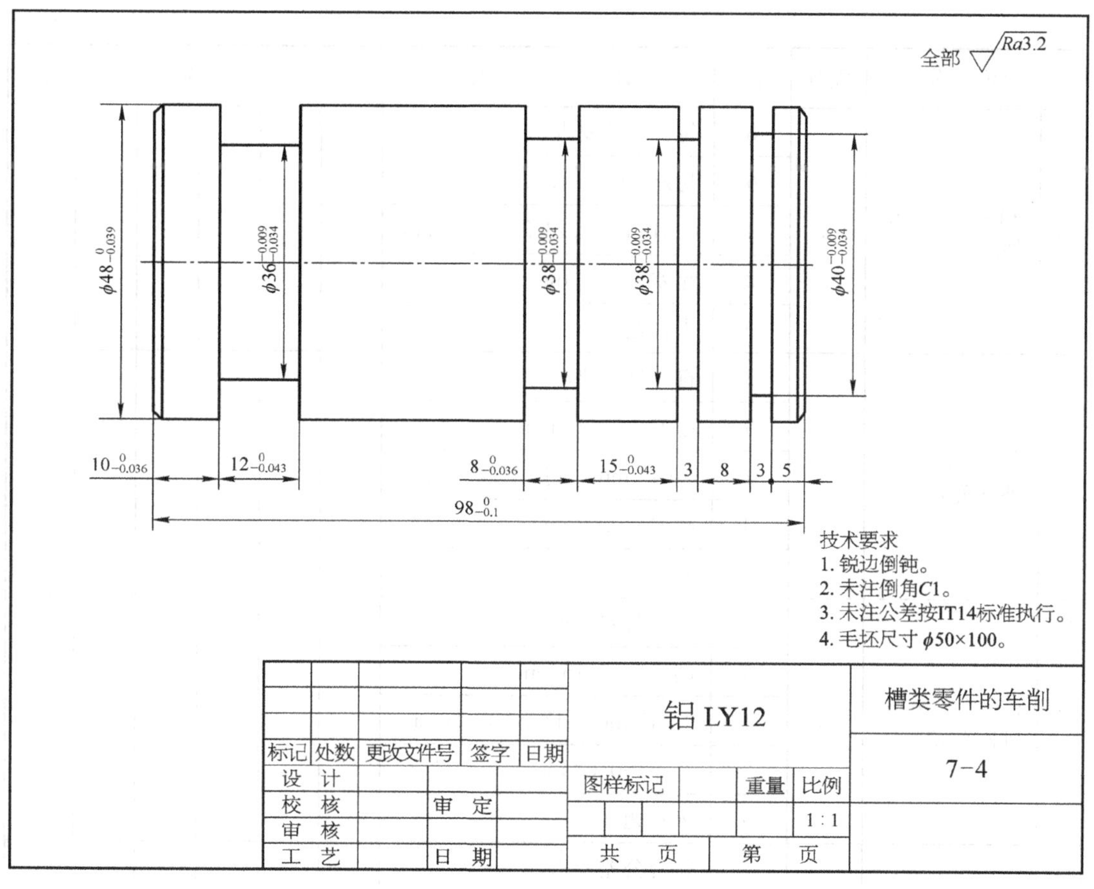

图 7－14　练习图纸(四)

评　分　表

试题代码：7－4　　　　**试题名称：**槽类零件的车削

考核时间：150 min

<table>
<tr><th colspan="2">评价要素</th><th>配分</th><th>等级</th><th>评　分　细　则</th><th colspan="5">评定等级</th><th>得分</th></tr>
<tr><td rowspan="5">1</td><td rowspan="5">表面粗糙度 Ra3.2 μm</td><td rowspan="5">5</td><td>5</td><td>全部符合图纸要求</td><td rowspan="5"></td><td rowspan="5"></td><td rowspan="5"></td><td rowspan="5"></td><td rowspan="5"></td><td rowspan="5"></td></tr>
<tr><td>4</td><td>一个粗糙度超差</td></tr>
<tr><td>3</td><td>两个粗糙度超差</td></tr>
<tr><td>2</td><td>三个及以上粗糙度超差</td></tr>
<tr><td>0</td><td>未答题</td></tr>
<tr><td rowspan="5">2</td><td rowspan="5">未注尺寸公差按照 GB 1804—2000</td><td rowspan="5">5</td><td>5</td><td>全部符合未注公差要求</td><td rowspan="5"></td><td rowspan="5"></td><td rowspan="5"></td><td rowspan="5"></td><td rowspan="5"></td><td rowspan="5"></td></tr>
<tr><td>4</td><td>一个尺寸超差</td></tr>
<tr><td>3</td><td>两个尺寸超差</td></tr>
<tr><td>2</td><td>三个及以上尺寸超差</td></tr>
<tr><td>0</td><td>未答题</td></tr>
</table>

(续表)

评价要素		配分	等级	评 分 细 则	评定等级					得分
3	$\phi 48_{-0.039}^{0}$ mm 外圆公差	8	8	符合公差要求						
			6	超差≤0.015 mm						
			4	0.015 mm<超差≤0.03 mm						
			2	超差>0.03 mm						
			0	未答题						
4	$\phi 40_{-0.034}^{-0.009}$ mm 外圆公差	8	8	符合公差要求						
			6	超差≤0.015 mm						
			4	0.015 mm<超差≤0.03 mm						
			2	超差>0.03 mm						
			0	未答题						
5	$\phi 38_{-0.034}^{-0.009}$ mm 外圆公差	8	8	符合公差要求						
			6	超差≤0.015 mm						
			4	0.015 mm<超差≤0.03 mm						
			2	超差>0.03 mm						
			0	未答题						
6	$\phi 38_{-0.034}^{-0.009}$ mm 外圆公差	8	8	符合公差要求						
			6	超差≤0.015 mm						
			4	0.015 mm<超差≤0.03 mm						
			2	超差>0.03 mm						
			0	未答题						
7	$\phi 36_{-0.034}^{-0.009}$ mm 外圆公差	8	8	符合公差要求						
			6	超差≤0.015 mm						
			4	0.015 mm<超差≤0.03 mm						
			2	超差>0.03 mm						
			0	未答题						
8	$98_{-0.1}^{0}$ mm 长度公差	5	5	符合公差要求						
			4	超差≤0.015 mm						
			3	0.015 mm<超差≤0.03 mm						
			2	超差>0.03 mm						
			0	未答题						

（续表）

评价要素		配分	等级	评　分　细　则	评定等级					得分
9	$15_{-0.043}^{0}$ mm 长度公差	10	10	符合公差要求						
			8	超差≤0.015 mm						
			5	0.015 mm<超差≤0.03 mm						
			2	超差>0.03 mm						
			0	未答题						
10	$12_{-0.043}^{0}$ mm 长度公差	10	10	符合公差要求						
			8	超差≤0.015 mm						
			5	0.015 mm<超差≤0.03 mm						
			2	超差>0.03 mm						
			0	未答题						
11	$10_{-0.036}^{0}$ mm 长度公差	10	10	符合公差要求						
			8	超差≤0.015 mm						
			5	0.015 mm<超差≤0.03 mm						
			2	超差>0.03 mm						
			0	未答题						
12	$8_{-0.036}^{0}$ mm 长度公差	10	10	符合公差要求						
			8	超差≤0.015 mm						
			5	0.015 mm<超差≤0.03 mm						
			2	超差>0.03 mm						
			0	未答题						
13	安全生产与文明操作	5	5	按要求整理、清洁						
			3	整理、清洁不到位						
			0	没进行整理、清洁						
合计配分		100	合计得分							

以下情况为否决项（出现以下情况本部分不予评分，按 0 分计）：

(1) 任一项的尺寸超差>0.5 mm 以上（≤2 mm 的倒角和倒圆除外），不予评分。

(2) 零件加工不完整（≤2 mm 的倒角和倒圆除外），不予评分。

(3) 零件有严重的碰伤、过切，不予评分。

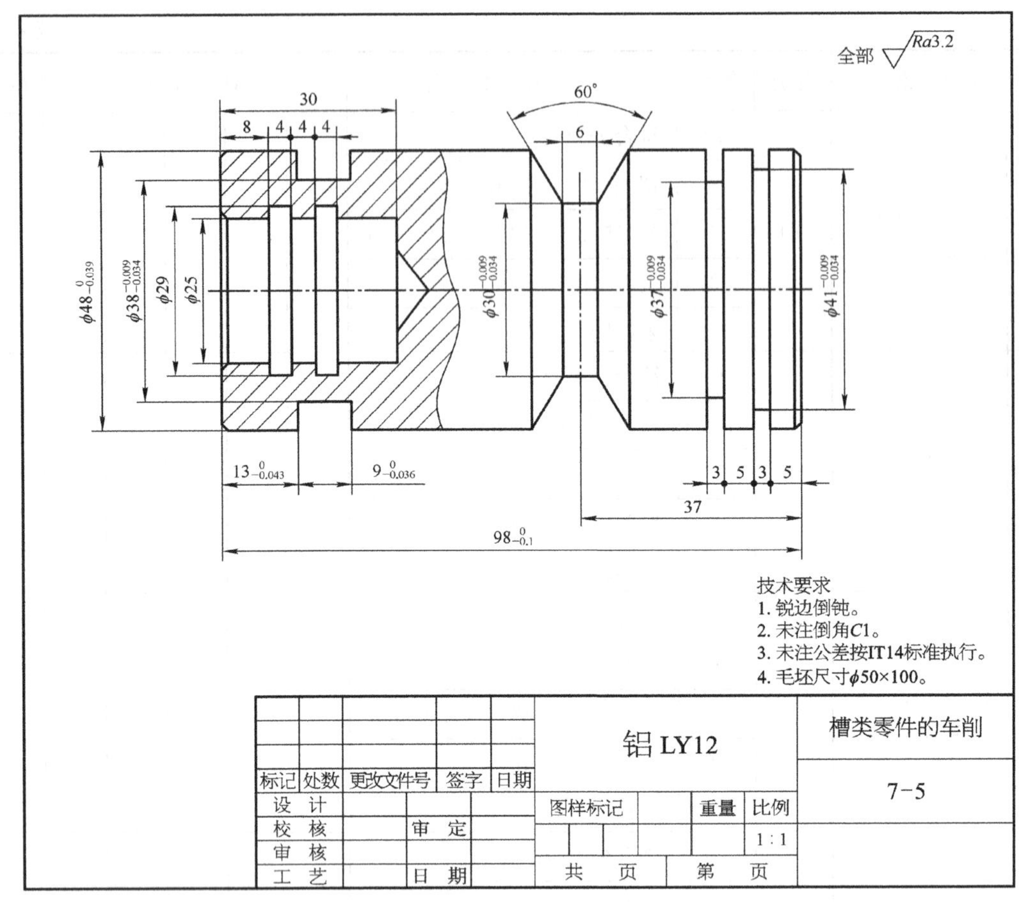

图 7-15 练习图纸(五)

评 分 表

试题代码：7-5　　　　　**试题名称：**槽类零件的车削

考核时间：150 min

评价要素		配分	等级	评 分 细 则	评定等级					得分
1	表面粗糙度 $Ra3.2\ \mu m$	5	5	全部符合图纸要求						
			4	一个粗糙度超差						
			3	两个粗糙度超差						
			2	三个及以上粗糙度超差						
			0	未答题						
2	未注尺寸公差按照 GB 1804—2000	5	5	全部符合未注公差要求						
			4	一个尺寸超差						
			3	两个尺寸超差						
			2	三个及以上尺寸超差						
			0	未答题						

（续表）

评价要素		配分	等级	评　分　细　则	评定等级					得分
3	$\phi 48_{-0.039}^{0}$ mm 外圆公差	10	10	符合公差要求						
			8	超差≤0.015 mm						
			5	0.015 mm＜超差≤0.03 mm						
			2	超差＞0.03 mm						
			0	未答题						
4	$\phi 41_{-0.034}^{-0.009}$ mm 外圆公差	10	10	符合公差要求						
			8	超差≤0.015 mm						
			5	0.015 mm＜超差≤0.03 mm						
			2	超差＞0.03 mm						
			0	未答题						
5	$\phi 38_{-0.034}^{-0.009}$ mm 外圆公差	10	10	符合公差要求						
			8	超差≤0.015 mm						
			5	0.015 mm＜超差≤0.03 mm						
			2	超差＞0.03 mm						
			0	未答题						
6	$\phi 37_{-0.034}^{-0.009}$ mm 外圆公差	10	10	符合公差要求						
			8	超差≤0.015 mm						
			5	0.015 mm＜超差≤0.03 mm						
			2	超差＞0.03 mm						
			0	未答题						
7	$\phi 30_{-0.034}^{-0.009}$ mm 外圆公差	10	10	符合公差要求						
			8	超差≤0.015 mm						
			5	0.015 mm＜超差≤0.03 mm						
			2	超差＞0.03 mm						
			0	未答题						
8	$98_{-0.1}^{0}$ mm 长度公差	5	5	符合公差要求						
			4	超差≤0.015 mm						
			3	0.015 mm＜超差≤0.03 mm						
			2	超差＞0.03 mm						
			0	未答题						

(续表)

评价要素		配分	等级	评 分 细 则	评定等级					得分
9	$13_{-0.043}^{0}$ mm 长度公差	15	15	符合公差要求						
			12	超差≤0.015 mm						
			8	0.015 mm<超差≤0.03 mm						
			4	超差>0.03 mm						
			0	未答题						
10	$9_{-0.036}^{0}$ mm 长度公差	15	15	符合公差要求						
			12	超差≤0.015 mm						
			8	0.015 mm<超差≤0.03 mm						
			4	超差>0.03 mm						
			0	未答题						
11	安全生产与文明操作	5	5	按要求整理、清洁						
			3	整理、清洁不到位						
			0	没进行整理、清洁						
合计配分		100	合计得分							

以下情况为否决项(出现以下情况本部分不予评分,按0分计):
(1) 任一项的尺寸超差>0.5 mm以上(≤2 mm的倒角和倒圆除外),不予评分。
(2) 零件加工不完整(≤2 mm的倒角和倒圆除外),不予评分。
(3) 零件有严重的碰伤、过切,不予评分。

项目八　螺纹零件的车削加工

一、项目描述

通过本课题的学习，学生可以掌握螺纹类零件车削的基本技能，掌握相关理论知识。学生在教师指导下能够完成螺纹类螺纹零件车削加工任务，并在完成任务过程中养成良好的职业道德和文明生产习惯。达到数控车削加工相关职业技能要求，胜任螺纹类零件车削加工工作。

二、项目目标

（一）知识目标

（1）理解螺纹零件车削加工相关工艺知识。

（2）能熟练运用 G32、G92、G76 车削螺纹指令编程。

（二）技能目标

（1）能识读螺纹零件图，并对零件结构、技术要求进行分析。

（2）能填写螺纹零件工艺卡片和刀具卡片。

（3）能进行内、外螺纹零件的编程并会仿真加工。

（4）能在数控车床上加工螺纹零件。

（5）能进行螺纹零件检测。

（三）素质目标

（1）会分析项目中螺纹零件加工的特点并能应用到实践中。

（2）在加工过程中操作步骤符合数控车床安全技术规范。

（3）在练习过程中能互相协作、提示和竞争。

三、专业知识

（一）螺纹零件的特性

在机械制造业中，有许多零件都具有螺纹。螺纹在机器中，一般有下列四种用途：连接、传动、紧固、测量;在工具和仪器中还往往用于调节。

三角形螺纹的特点:螺距小、一般螺纹长度较短。其基本要求是螺纹轴向剖面牙型角必须正确,两侧面表面粗糙度小;中径尺寸符合精度要求;螺纹与工件轴线保持同轴。

(二) 螺纹术语

各螺纹参数如图 8-1 所示。

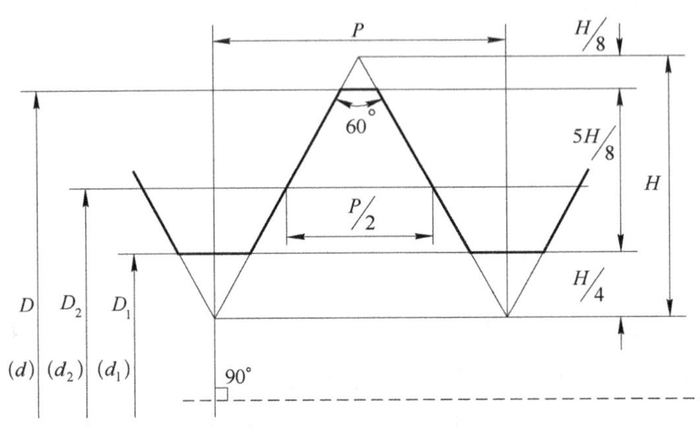

图 8-1 各螺纹参数

各螺纹参数表达式分别如下:

$$D_2 = D - 2 \times \frac{3}{8} \times H \qquad d_2 = d - 2 \times \frac{3}{8} \times H$$

$$D_1 = D - 2 \times \frac{5}{8} \times H \qquad d_1 = d - 2 \times \frac{5}{8} \times H$$

$$H = \frac{\sqrt{2}}{2} \times H \qquad t = \frac{5}{8} \times H = \frac{5\sqrt{3}}{16} \times P$$

上几式中,D 为内螺纹大径即公称尺寸;D_1 为内螺纹小径;D_2 为内螺纹中径;H 为原始三角形高度;d 为外螺纹大径即公称尺寸;d_1 为外螺纹小径;d_2 为外螺纹中径;t 为螺纹牙深。

1. 螺纹牙型高度(螺纹总切深)

对于三角形普通螺纹,牙型高度按下式计算:实际牙高 $h = \frac{3\sqrt{3}}{8}P \approx 0.649\ 5P$。

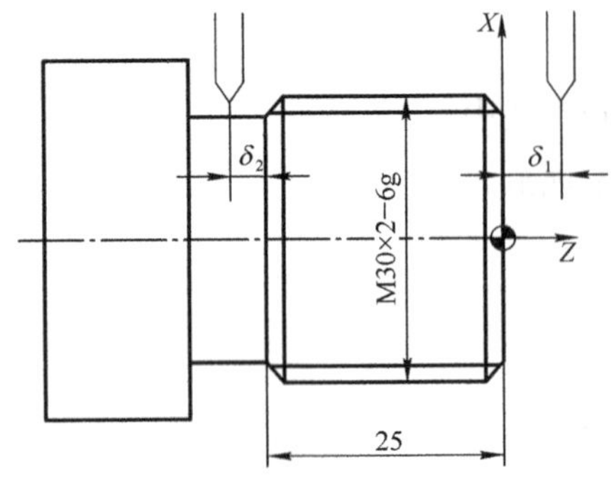

图 8-2 螺纹起点与终点轴向尺寸

2. 螺纹起点与终点轴向尺寸

由于车螺纹起始时有一个加速过程,结束前有一个减速过程。在这段距离中,螺距不可能保持均匀,因此车螺纹时,两端必须设置足够的升速进刀段(空刀导入量)δ_1 和减速退刀段(空刀导出量)δ_2(图 8-2)。δ_1、δ_2 一般按下式选取:

$$\delta_1 \geqslant 2P$$

$$\delta_2 \geqslant (1 \sim 1.5)P$$

3. 分层切削深度

如果螺纹牙型较深，螺距较大，可分几次进给。每次进给的背吃刀量用螺纹深度减去精加工背吃刀量所得的差按递减规律分配(表 8-1)。

表 8-1　进给的背吃刀量

米制螺纹								
螺距(mm)		1.0	1.5	2	2.5	3	3.5	4
牙深(半径量)		0.649	0.974	1.299	1.624	1.949	2.273	2.598
切削次数及吃刀量(直径量)	1 次	0.7	0.8	0.9	1.0	1.2	1.5	1.5
	2 次	0.4	0.6	0.6	0.7	0.7	0.7	0.8
	3 次	0.2	0.4	0.6	0.6	0.6	0.6	0.6
	4 次		0.16	0.4	0.4	0.4	0.6	0.6
	5 次			0.1	0.4	0.4	0.4	0.4
	6 次				0.15	0.4	0.4	0.4
	7 次					0.2	0.2	0.4
	8 次						0.15	0.3
	9 次							0.2
英制螺纹								
牙(in)		24	18	16	14	12	10	8
牙深(半径量)		0.678	0.904	1.016	1.162	1.355	1.626	2.033
切削次数及吃刀量(直径量)	1 次	0.8	0.8	0.8	0.8	0.9	1.0	1.2
	2 次	0.4	0.6	0.6	0.6	0.6	0.7	0.7
	3 次	0.16	0.3	0.5	0.5	0.6	0.6	0.6
	4 次		0.11	0.14	0.3	0.4	0.4	0.5
	5 次				0.13	0.21	0.4	0.5
	6 次						0.16	0.4
	7 次							0.17

(三) 选择工、量、刃具

1. 螺纹车刀(图 8-3)

图 8-3　螺纹车刀

2. 螺纹的测量和检查

(1) 大径的测量：螺纹大径的公差较大，一般可用游标卡尺或千分尺测量。

(2) 螺距的测量：螺距一般可用金属直尺测量，可以多测量几个，以减少误差。

(3) 中径的测量：三角形螺纹的中径可用螺纹千分尺来测量。使用方法与一般的外径千分尺相似，使用方法可参考量具使用方法的有关章节。

(4) 综合测量：用螺纹环规(图 8－4)或螺纹塞规(图 8－5)综合检查三角螺纹。首先应对螺纹的直径、螺距、牙形和表面粗糙度进行检查，再用环规或塞规测量螺纹的尺寸精度，即通端进而止端不进，说明螺纹精度符合要求。

图 8－4　螺纹环规

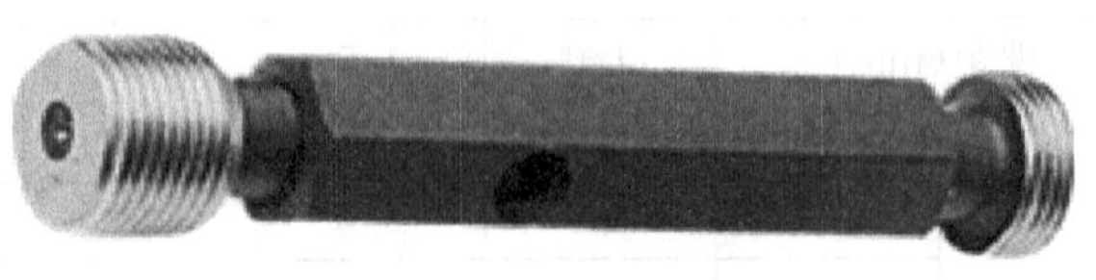
图 8－5　螺纹塞规

(四) 程序编写格式

1. 单一螺纹切削指令

G32 指令用于切削加工圆柱螺纹、圆锥螺纹和平面螺纹。

指令格式：G32 X(U)_ Z(W)_ F_

式中，X(U)、Z(W)为螺纹切削的终点坐标值；F 为螺纹导程。

指令说明：

(1) G32 指令可以执行单一行程螺纹切削，车刀进给运动严格根据输入的螺纹导程进行。但是，车刀的切入、切出、返回均须编入程序。

(2) F 为螺纹导程。对于圆锥螺纹，其斜角 α 在 45°以下时，螺纹导程以 Z 轴方向指定；斜角 α 在 45°～90°时，以 X 轴方向指定。

(3) 圆柱螺纹切削加工时，X、U 值可以省略，格式为：G32 Z(W)_ F_；。

(4) 端面螺纹切削加工时，Z、W 值可以省略，格式为：G32 X(U)_ F_；。

(5) 螺纹切削应注意在两端设置足够的升速进刀段 δ_1 和降速退刀段 δ_2。

(6) 车螺纹不要使用恒线速指令要使用 G97。此时，进给倍率选择和主轴倍率选择无效。

2. 螺纹切削循环指令

螺纹切削循环指令把四个动作(切入—螺纹切削—退刀—返回)作为一个循环(图 8－6)，用一个程序段来指令。

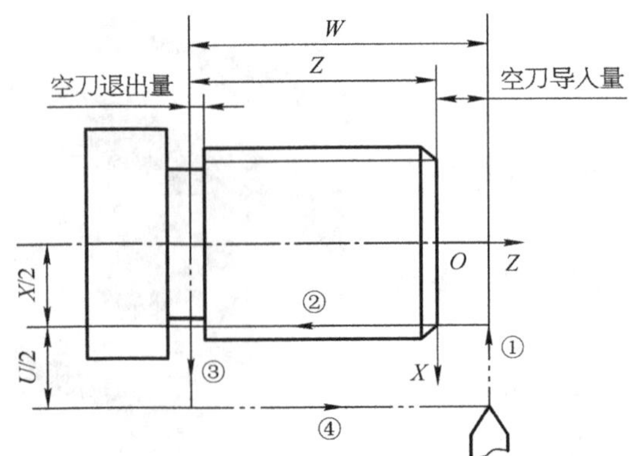

图 8－6　螺纹切削循环

指令格式　G92 X(U)_ Z(W)_ R_ F_

式中，X(U)、Z(W)为螺纹切削的终点坐标值；R 为圆锥螺纹切削起始点与切削终点的半径差；F 为螺纹导程。

加工圆柱螺纹时，R＝0；加工圆锥螺纹

时，当 X 向切削起始点坐标小于切削终点坐标时，R 为负，反之为正。

3. 复合螺纹切削循环指令

复合螺纹切削循环指令可以完成一个螺纹段的全部加工任务。它采用的斜进式切削方式有利于改善刀具的切削条件，在编程中应优先考虑应用该指令(图 8－7)。

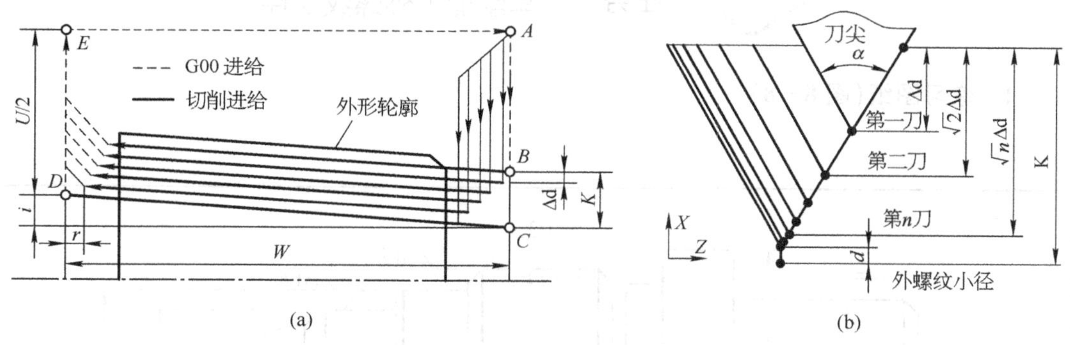

图 8－7　复合螺纹切削循环指令

指令格式：G76 P (m)(r)(α) Q(Δdmin) R(d)

G76 X(U)_ Z(W)_ R(I)_ P(k) Q(Δd) F(f)_

式中，m 为精加工重复次数，必须用两位数表示，从 01～99，该参数为模态值；r 为螺纹尾端倒角量，必须用两位数表示，从 01～99，例如 r＝10，则倒角量＝10×0.1×导程；α 为刀尖角可以选择 80°、60°、55°、30°、29°和 0°六种中的一种，其角度数值用两位数表示，该参数为模态量；Δdmin 为最小切入量(用半径指定)；d 为精加工余量；X(U) Z(W)为终点坐标；I 为螺纹部分半径之差，即螺纹切削起始点与切削终点的半径差，加工圆柱螺纹时，I＝0，加工圆锥螺纹时，当 X 向切削起始点坐标小于切削终点坐标时，I 为负，反之为正；K 为螺牙的高度(X 轴方向的半径值)；Δd 为第一次切入量(X 轴方向的半径值)；f 为螺纹导程。

指令说明：

(1) 第一刀切削循环时，背吃刀量为 Δd(图 8－7)，第二刀的背吃刀量为 $(\sqrt{2}-1)\Delta d$，第 n 刀的背吃刀量为 $(\sqrt{n}-\sqrt{n-1})\Delta d$。因此，执行 G76 是循环的背吃刀量是逐步递减的。

(2) 在 G76 循环指令中，m，r，a 由地址符号 P 及后面各两位数字指定，每个两位数中的前置 0 不能省略。

四、活动内容

(一) 活动准备

设备：计算机、配套数控仿真软件、投影仪、CK6136 数控车床。

刀具：90°外圆车刀、镗孔刀、60°外螺纹车刀、内螺纹车刀。

量具：游标卡尺、内侧千分尺、外经千分尺、螺纹环规。

工具：卡盘钥匙、刀具钥匙、垫刀片。

材料：铝 LY12 ϕ50 mm×100 mm；45 钢 ϕ50 mm×100 mm。

(二) 任务实施

任务一 车削加工外螺纹零件

1. 练习图纸(图 8－8)

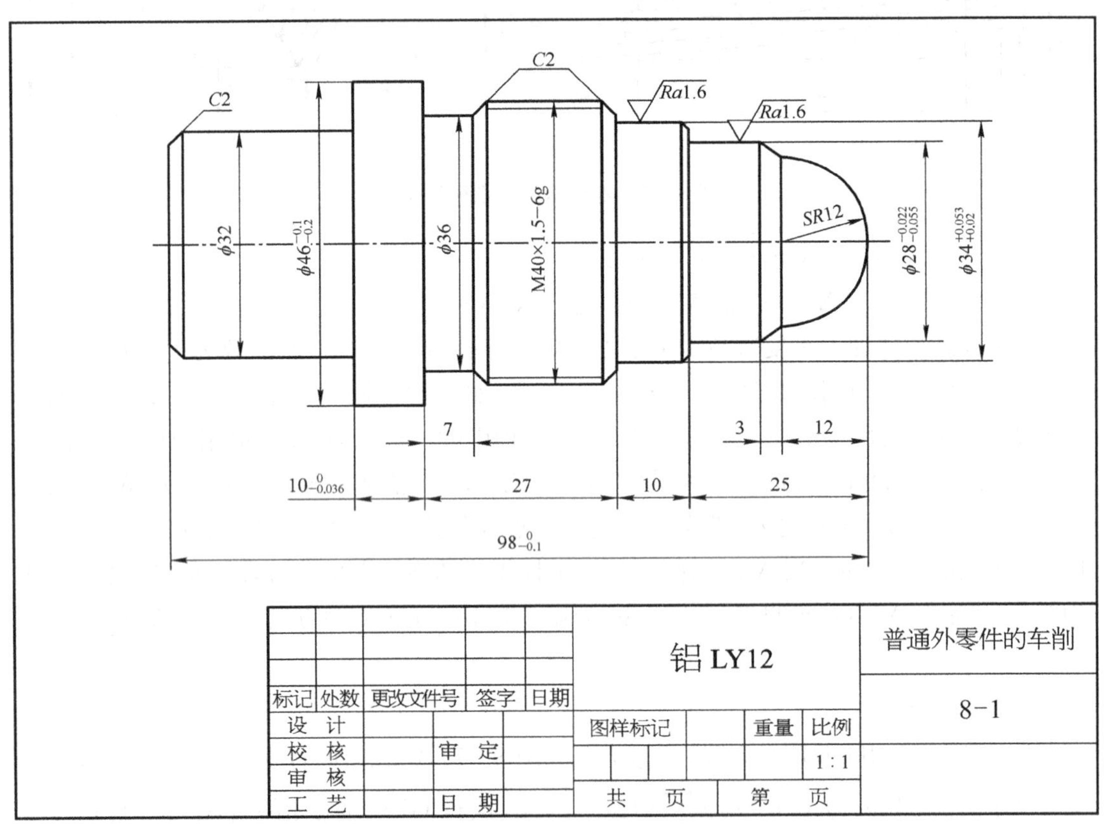

图 8－8 练习图纸(一)

2. 图纸识读

该零件材料为铝合金，由外圆柱面、平面、圆弧及螺纹组成(图 8－9)。

本工件外螺纹要求 M40×1.5－6 g。检验方式螺纹环规。另外在外形尺寸要求上，该零件的外圆尺寸 $\phi 28^{+0.053}_{+0.02}$ mm、$\phi 34^{+0.053}_{+0.02}$ mm 及长度尺寸 $10^{+0}_{-0.036}$ mm 的尺寸精度和表面粗糙度要求也较高。

3. 加工工艺分析

(1) 零件材料：铝 LY12。

(2) 选择工、量、刃具。量具：外径千分尺、内径千分尺、游标卡尺；刀具：93°外圆车刀及外螺纹车刀。

(3) 确定零件的定位基准和装夹方式：装夹方法采用三爪自定心卡盘自定心夹紧。

(4) 加工工艺路线：

① 用三爪自定心卡盘装夹工件，工件伸出卡盘55 mm，校正外圆。

② 车端面，以工件左端为工件坐标系原点。

③ 粗、精加工左端 ϕ32 mm、ϕ46 mm 外圆柱面至尺寸要求，完成倒角 $C2$。

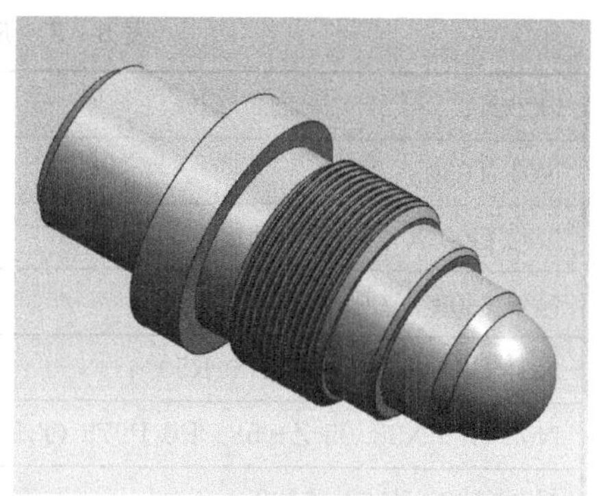

图 8-9　某铝合金外螺纹零件

④ 工件掉头夹外圆 ϕ32 mm 处，校正外圆。

⑤ 车端面，控制总长 98 mm，对刀。

⑥ 粗、精加工零件右端 R12 mm、ϕ28 mm、ϕ34 mm、ϕ36 mm 外圆柱面及 M40×1.5 螺纹外径至图纸要求，并控制 10 mm 长度。

⑦ 粗精加工 M40×1.5—6 g 外螺纹。

4. 外螺纹加工程序编制

(1) 应用 G92 指令编制螺纹加工程序见表 8-2。

表 8-2　应用 G92 指令编制螺纹加工程序

O0001;	程序名
N01 T0303;	选择 3 号刀偏置
N02 G00 X42. Z5. M08;	螺纹刀 X 向、Z 向定位，冷却液开
N03 M03 S700;	主轴正转 700 r/min
N04 G92 X39.2 Z-58. F1.5;	循环车削螺纹 X 向进刀至 39.2
N05 X38.7;	X 向进刀至 38.7
N06 X38.4;	X 向进刀至 38.4
N07 X38.2;	X 向进刀至 38.2
N08 X38.05;	X 向进刀至 38.05
N09 G00 X100. Z100. M09;	退回换刀点，冷却液关闭
N10 M05;	主轴停止
N11 M30;	程序结束

(2) 应用 G76 指令编制螺纹加工程序见表 8-3。

表 8-3 应用 G72 指令编制螺纹加工程序

O0001;	程序名
N01 T0303;	选择 3 号刀偏置
N02 G00 X42. Z5. M08;	螺纹刀 X 向、Z 向定位,冷却液开
N03 M03 S700;	主轴正转 700 r/min
N04 G76 P011060 Q100 R50.;	设定 G76 各项参数
N05 G76 X38.05 Z-58. R0 P975 Q350 F1.5;	
N6 X100. Z100. M09;	退回换刀点,冷却液关闭
N7 M05;	主轴停止
N8 M30;	程序结束

5. 仿真操作

将程序输入仿真系统检查程序。

6. 零件加工操作步骤

(1) 数控车床面板操作。

(2) 工件与刀具的装夹。

(3) 对刀及参数设置。螺纹车刀取刀尖为刀位点(图 8-10)。

(4) 程序输入。

(5) 试运行。

(6) 零件加工。

(7) 零件检测。

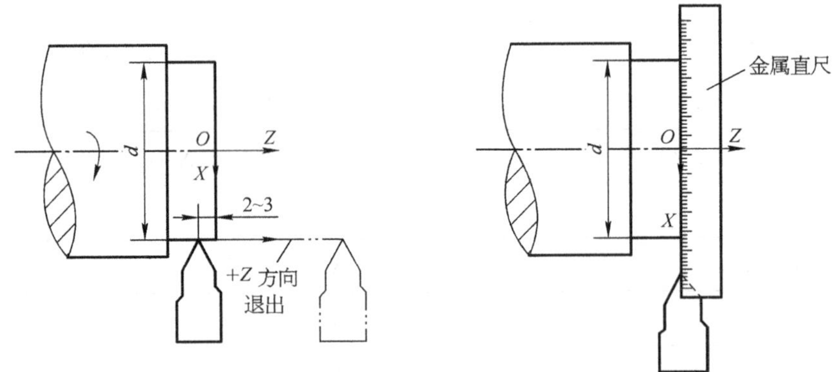

图 8-10 螺纹车刀刀位点

7. 加工注意事项

(1) 螺纹车刀安装时,刀尖应与工件旋转轴线等高,刀具两侧刃角平分线必须垂直于工件轴线,否则车削出的螺纹牙型会往一边倾斜。

(2) 螺纹加工期间应保持主轴转速不变。

（3）空刀退出量设置不能过大，预防螺纹车刀退出时撞到台阶面。

（4）首次切削尽可能采用单段加工，熟练以后再采用自动加工方式。

（5）注意安全，文明生产，规范操作。

任务二　车削加工外螺纹零件

1. 练习图纸（图 8－11）

包含内螺纹的零件车削练习如图 8－11 所示。

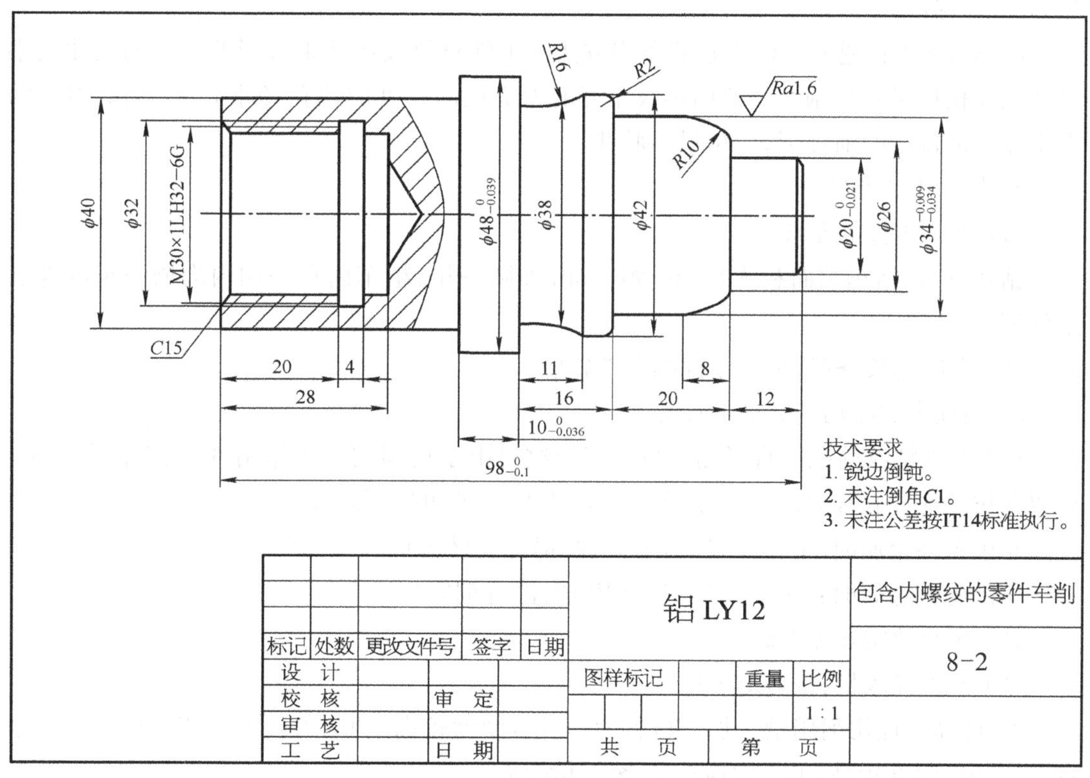

图 8－11　练习图纸（二）

2. 图纸识读

该零件材料为铝合金，由外圆柱面、圆弧面、内圆柱面、内螺纹及内沟槽组成（图 8－12）。

该零件的内螺纹及内沟槽是本项目的加工重点。

对于尺寸精度要求，主要通过在加工过程中的准确对刀、正确设置刀补及磨耗，以及正确制定合适的加工工艺等措施来保证。

图 8－12　某铝合金零件

对于零件表面粗糙度要求，主要通过选用合

适的刀具及其几何参数,正确的粗、精加工路线,合理的切削用量及冷却等措施来保证。

3. 加工工艺分析

1) 选择工、量、刃具

(1) 选择工具。工件装夹在三爪自定心卡盘中,用划线盘校正,调头装夹后用百分表校正。

(2) 选择量具。外圆用千分尺测量,长度、内孔用游标卡尺测量,内螺纹用螺纹塞规检测。

(3) 选择刀具。90°外圆车刀、镗孔车刀、内沟槽车刀(刀头宽 3 mm)、内螺纹车刀、ϕ25 mm麻花钻。

内螺纹车刀的选择:根据它的车削方法和工件材料及形状来选择的。它的尺寸大小受到螺纹孔径尺寸限制。一般内螺纹车刀的刀头径向长度应比孔径小 3~5 mm,刀杆的大小在保证排屑的前提下,要尽量粗壮些。

2) 加工工艺路线

(1) 加工零件的左端:

钻孔→粗、精车端面和 ϕ48 mm、ϕ40 mm 外圆→粗、精车内孔→切内沟槽→车内螺纹工件调头。

(2) 车准总长→粗、精车零件的左端轮廓。

3) 圆柱内螺纹切削数值的计算

(1) 车内螺纹前孔底直径的计算。车螺纹时由于切削的挤压作用,内孔直径会缩小,所以车螺纹底孔孔径要略大于小径的基本尺寸,一般可按下式计算。

车削塑性金属时:$D_{孔} \approx d - P$(45 钢、铝合金材料)。

车削脆性金属时:$D_{孔} \approx d - 1.05P$(铸件、青铜等)。

(2) 螺纹的实际牙型高度。

(3) 空刀导入量、空刀退出量。

4) 选择合理切削用量　加工材料为 45 钢,硬度较高,切削力较大。切削用量应选小些。因切削温度较高,加工中应充分浇注切削液。

4. 程序编制

内螺纹车削程序见表 8-4。

表 8-4　内螺纹车削程序

O0001;	程序名
N01 T0303;	选择 3 号刀偏置
N02 G00 X25. Z5. M08;	螺纹刀 X 向、Z 向定位,冷却液开
N03 M03 S700;	主轴正转 700 r/min
N04 G92 X28.7 Z-22. F1. ;	循环车削螺纹 X 向进刀至 28.7

（续表）

N05 X29.6；	X 向进刀至 29.6
N06 X29.8；	X 向进刀至 29.8
N07 X29.95；	X 向进刀至 29.95
N08 X30.；	X 向进刀至 30
N09 G00 X80. Z100. M09；	退回换刀点，冷却液关闭
N10 M05；	主轴停止
N11 M30；	程序结束

5. 仿真操作

(1) 将程序输入仿真系统检查程序。

(2) 内螺纹及内沟槽的加工。

① 钻孔。用 ϕ25 的麻花钻钻孔(图 8-13)。

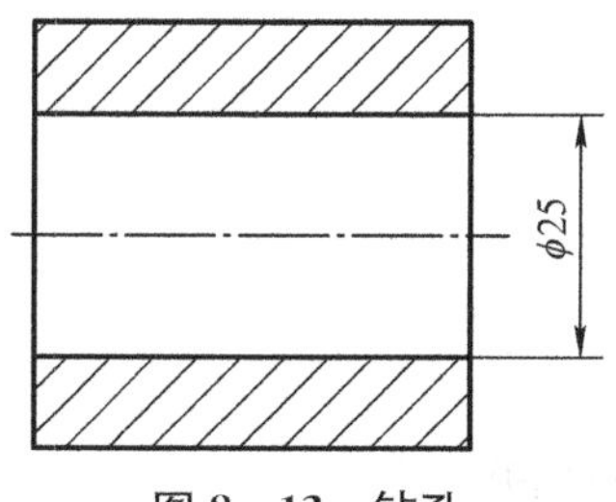

图 8-13　钻孔

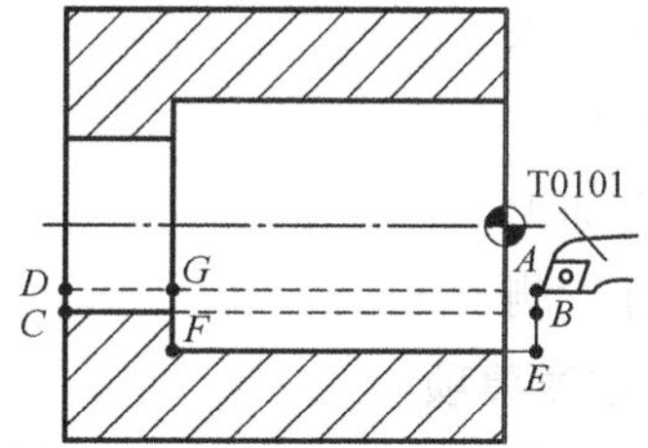

图 8-14　车螺纹小径孔

② 车螺纹小径孔(图 8-14)。

③ 车内沟槽(图 8-15)。

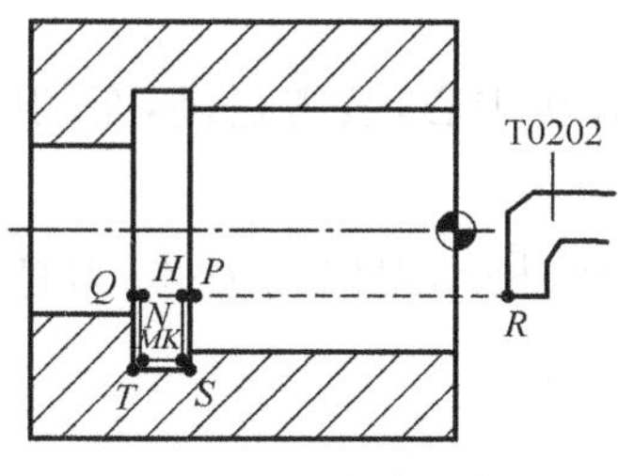

图 8-15　车内沟漕

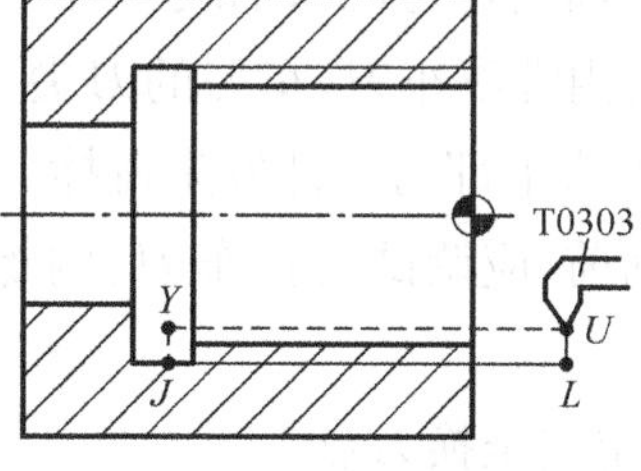

图 8-16　车内螺纹

④ 车内螺纹(图 8-16)。

6. 零件加工操作步骤

(1) 数控车床面板操作。

(2) 工件与刀具的装夹。

(3) 对刀及参数设置。其中，内螺纹车刀取刀尖为刀位点，具体对刀步骤如下：

① X 轴对刀：主轴停止转动，移动内螺纹车刀，试切内孔长 3～5 mm，刀具沿 +Z 方

向退出,如图 8-17 所示。测出孔径大小,进行面板操作。

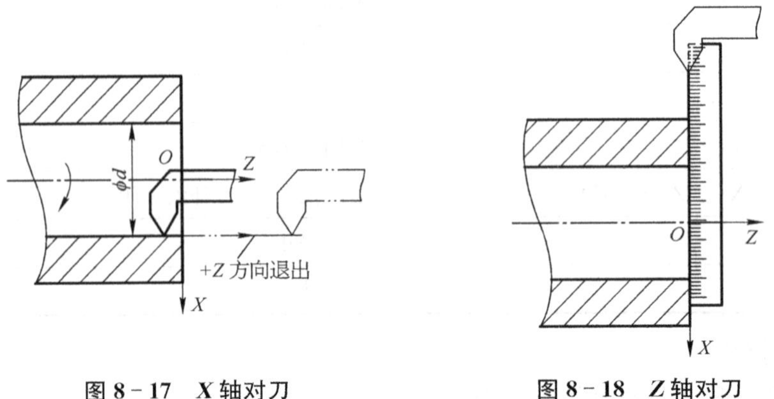

图 8-17 X 轴对刀　　　图 8-18 Z 轴对刀

② Z 轴对刀:主轴停止转动,移动内螺纹车刀与工件右端面平齐,用目测方式或借助金属直尺,如图 8-18 所示。

(4) 程序输入。

(5) 试运行。

(6) 零件加工。

(7) 零件检测。

7. 加工注意事项

(1) 手动钻孔时,进给量要均匀,以防止麻花钻折断。

(2) 加工内孔是注意循环指令起刀点的坐标位置。

(3) 注意刀具与零件的正确定位与夹紧:

① 刀杆不要伸出太长,以免加工时刚性不足。

② 刀杆轴线要与机床轴线平行。

③ 安装内螺纹车刀,车刀的刀尖要对准工件旋转中心,装得过高,车削时易震动;装得过低时,刀头下部与工件发生碰撞。

④ 车削前,应调试内孔车刀、内螺纹车刀及内沟槽车刀以防刀体、刀杆与内孔发生干涉。

(4) 确定安全换刀点。

(5) 工件调头,加工左侧外圆及左侧面时,刀具都应重新对刀。

(6) 会正确修改刀具参数控制零件尺寸精度。

(7) 注意安全、文明生产、规范操作:

① 孔不能用手清除切屑。

② 机床转动中严禁测量。

③ 文明使用塞规。

④ 测量时刀具退出一定距离,以防刀具伤手。

8. 加工质量分析

(1) 螺纹切削过程中出现震动。

(2) 螺纹牙型半角不正确。

(3) 螺纹牙型底部过宽。

(4) 螺纹牙顶过平。

(5) 螺纹表面质量差。

(6) 螺距误差。

五、项目评价

班级		姓名		职业	数控车工	零件图号		
操作日期　　日　　时　　分至　　日　　时　　分								
序号	考核内容及要求		配分	评分标准		自评	实测	得分
1	服装穿戴	服装穿戴	10	穿戴正确				
		防护眼镜佩戴		穿戴正确				
		工作鞋穿着		穿戴正确				
2	识读零件加工图纸	看懂图样	5	理解图纸表达内容				
		理解零件加工要求	5	叙述加工内容				
		理解图纸技术要求		正确描述技术要求				
3	数控加工	外螺纹	15	尺寸正确				
		内螺纹	15	尺寸正确				
		外圆尺寸	15	超差一处扣 5 分				
		长度尺寸	15	超差一处扣 5 分				
		圆弧尺寸	5	超差一处扣 2 分				
		未注公差尺寸	5	超差一处扣 1 分				
4	安全文明生产及协作工作	遵守规章制度	5	操作过程遵守规章制度(发生一起违规全扣)				
		保养设备		设备保养符合日常保养要求				
		互助与协助精神	5	同学之间是否互助和启发				
合　　计			100					
项目学习学生自评								
项目学习教师评价								

六、项目作业

练习图纸分别见图 8－19、图 8－20。

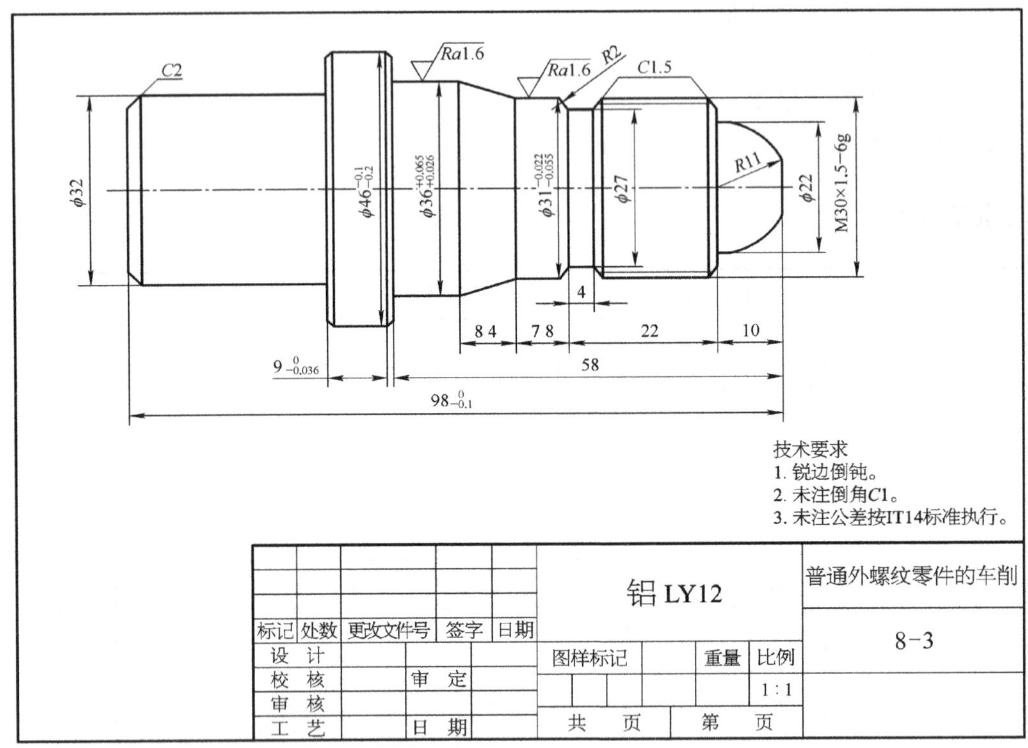

图 8－19 练习图纸(三)

评 分 表

试题代码： 8－3　　　　　**试题名称：** 普通外螺纹零件的车削(二)

考核时间： 150 min

评价要素		配分	等级	评 分 细 则	评定等级					得分
1	表面粗糙度 $Ra3.2\ \mu m$	5	5	全部符合图纸要求						
			4	一个粗糙度超差						
			3	两个粗糙度超差						
			2	三个及以上粗糙度超差						
			0	未答题						
2	未注尺寸公差按照 GB 1804—2000	10	10	全部符合未注公差要求						
			8	一个尺寸超差						
			5	两个尺寸超差						
			2	三个及以上尺寸超差						
			0	未答题						

（续表）

评价要素		配分	等级	评分细则	评定等级					得分
3	$\phi 36^{+0.065}_{+0.026}$ mm 外圆公差	15	15	符合公差要求						
			12	超差≤0.015 mm						
			8	0.015 mm<超差≤0.03 mm						
			4	超差>0.03 mm						
			0	未答题						
4	$\phi 31^{-0.022}_{-0.055}$ mm 外圆公差	15	15	符合公差要求						
			12	超差≤0.015 mm						
			8	0.015 mm<超差≤0.03 mm						
			4	超差>0.03 mm						
			0	未答题						
5	$\phi 46^{-0.1}_{-0.2}$ mm 外圆公差	10	10	符合公差要求						
			8	超差≤0.015 mm						
			5	0.015 mm<超差≤0.03 mm						
			2	超差>0.03 mm						
			0	未答题						
6	$98^{\ 0}_{-0.1}$ mm 长度公差	5	5	符合公差要求						
			4	超差≤0.015 mm						
			3	0.015 mm<超差≤0.03 mm						
			2	超差>0.03 mm						
			0	未答题						
7	$10^{\ 0}_{-0.036}$ mm 长度公差	15	15	符合公差要求						
			12	超差≤0.015 mm						
			8	0.015 mm<超差≤0.03 mm						
			4	超差>0.03 mm						
			0	未答题						
8	M30×1.5—6 g 螺纹	15	15	符合公差要求						
			8	超差						
			0	未答题						
9	安全生产与文明操作	10	5	按要求整理、清洁						
			3	整理、清洁不到位						
			0	没进行整理、清洁						
合计配分		100	合计得分							

以下情况为否决项（出现以下情况本部分不予评分，按 0 分计）：

(1) 任一项的尺寸超差>0.5 mm 以上（≤2 mm 的倒角和倒圆除外），不予评分。

(2) 零件加工不完整（≤2 mm 的倒角和倒圆除外），不予评分。

(3) 零件有严重的碰伤、过切，不予评分。

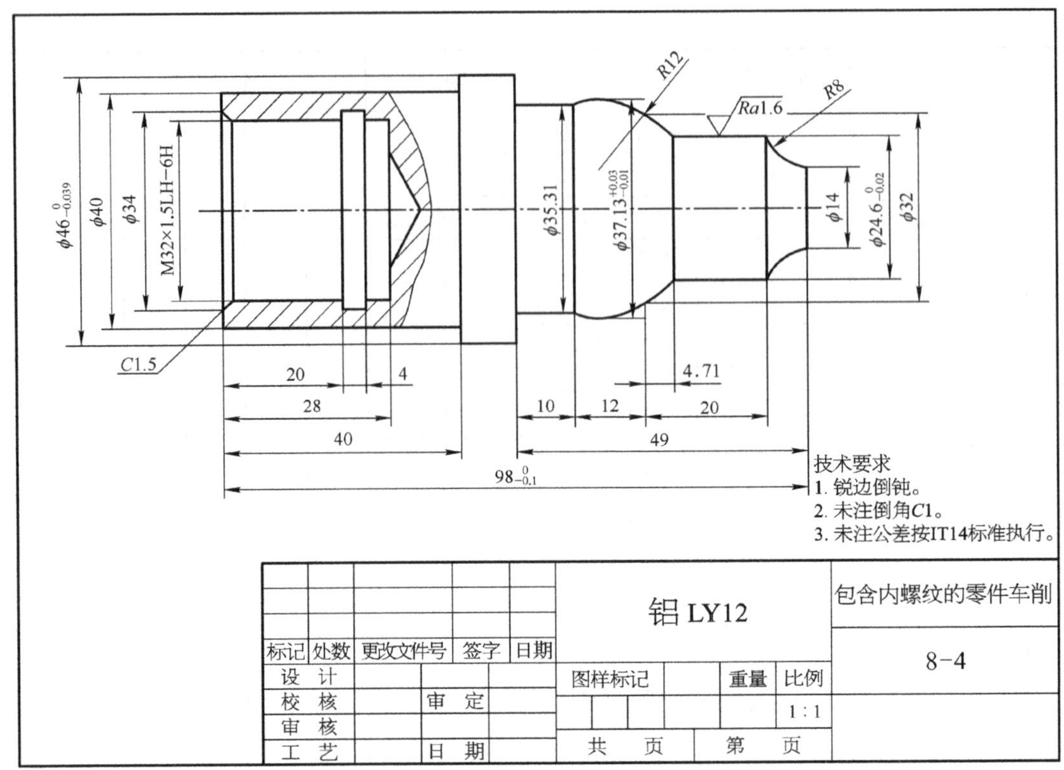

图 8-20 练习图纸(四)

评 分 表

试题代码： 8-4　　**试题名称：** 包含内螺纹的零件的车削(二)

考核时间： 150 min

评价要素		配分	等级	评 分 细 则	评定等级					得分
1	表面粗糙度 $Ra3.2\ \mu m$	5	5	全部符合图纸要求						
			4	一个粗糙度超差						
			3	两个粗糙度超差						
			2	三个及以上粗糙度超差						
			0	未答题						
2	表面粗糙度 $Ra1.6\ \mu m$	5	5	全部符合图纸要求						
			3	一个粗糙度超差						
			1	两个及以上粗糙度超差						
			0	未答题						
3	未注尺寸公差按照 GB 1804—2000	10	10	全部符合未注公差要求						
			8	一个尺寸超差						
			5	两个尺寸超差						
			2	三个及以上尺寸超差						
			0	未答题						

（续表）

评价要素		配分	等级	评　分　细　则	评定等级	得分
4	$\phi 37.13^{+0.03}_{-0.01}$ mm 外圆公差	15	15	符合公差要求		
			12	超差≤0.015 mm		
			8	0.015 mm<超差≤0.03 mm		
			4	超差>0.03 mm		
			0	未答题		
5	$\phi 24.6^{0}_{-0.02}$ mm 外圆公差	15	15	符合公差要求		
			12	超差≤0.015 mm		
			8	0.015 mm<超差≤0.03 mm		
			4	超差>0.03 mm		
			0	未答题		
6	$\phi 46^{0}_{-0.039}$ mm 外圆公差	15	15	符合公差要求		
			12	超差≤0.015 mm		
			8	0.015 mm<超差≤0.03 mm		
			4	超差>0.03 mm		
			0	未答题		
7	M32×1.5－6 g 螺纹	15	15	符合公差要求		
			8	超差		
			0	未答题		
8	$98^{0}_{-0.1}$ mm 长度公差	10	10	符合公差要求		
			8	超差≤0.015 mm		
			5	0.015 mm<超差≤0.03 mm		
			2	超差>0.03 mm		
			0	未答题		
9	安全生产与文明操作	10	10	按要求整理、清洁		
			5	整理、清洁不到位		
			0	没进行整理、清洁		
合计配分		100	合计得分			

以下情况为否决项（出现以下情况本部分不予评分，按 0 分计）：

（1）任一项的尺寸超差>0.5 mm 以上（≤2 mm 的倒角和倒圆除外），不予评分。

（2）零件加工不完整（≤2 mm 的倒角和倒圆除外），不予评分。

（3）零件有严重的碰伤、过切，不予评分。

附 录

附录一 数控车工(四级)编程仿真加工综合练习图纸及评分表

一、仿真编程及加工工艺编制

1. 轴类

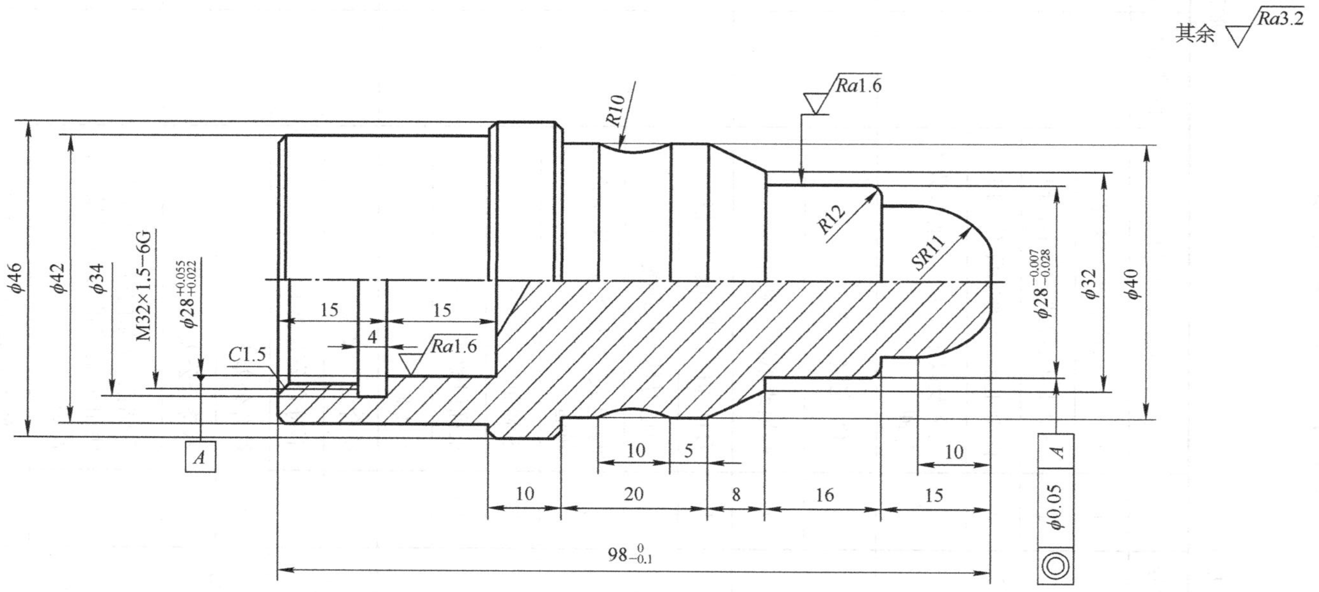

其余 $\sqrt{Ra3.2}$

$\phi46$ $\phi42$ $\phi34$ M32×1.5−6G $\phi28^{+0.055}_{+0.022}$ C1.5 A

15 4 15 $\sqrt{Ra1.6}$

R10 $\sqrt{Ra1.6}$ R12 SR11

$\phi28^{-0.007}_{-0.028}$ $\phi32$ $\phi40$

10 5 10

10 20 8 16 15

$98^{0}_{-0.1}$

◎ $\phi0.05$ A

技术要求
1. 未注倒角C1。
2. 毛坯尺寸 $\phi50$×100 (孔$\phi25$×37)。

					45钢				轴类零件编程与仿真
标记	处数	更改文件号	签字	日期					
设 计		标准化			图样标记		重量	比例	0−1
校 核		审 定							
审 核									
工 艺		日 期			共 页		第 页		

练习 0-1 评分表

名称：轴类零件编程与仿真　　　　**加工时间**：90 min

评价要素		配分	等级	评分细则	自测结果	评定结果	得分
1	工艺卡片：工步内容、切削参数	15	15	工序工步、切削参数合理			
			10	一个工步、切削参数不合理			
			5	两个工步、切削参数不合理			
			0	三个及以上工步、切削参数不合理			
2	工艺卡片：其他各项(夹具、材料、NC 程序文件名、使用设备等)	5	5	填写完整、正确			
			0	漏填或填错一项及以上			
3	数控刀具卡片	10	10	刀具选择合理,填写完整			
			5	一把刀具不合理或漏选			
			0	两把及以上刀具不合理或漏选			
4	内外圆、槽、螺纹加工程序与实体加工仿真	20	20	正确而且简洁高效			
			10	正确但效率不高			
			0	不正确			
5	$\phi 28_{-0.028}^{-0.007}$ mm尺寸	20	20	符合公差要求			
			0	不符合公差要求			
6	$\phi 28_{+0.022}^{+0.055}$ mm尺寸	20	20	符合公差要求			
			0	不符合公差要求			
7	刀尖圆弧半径补偿	10	10	含圆锥、圆弧的外圆加工程序使用了正确的刀尖圆弧半径补偿			
			0	没使用刀尖圆弧半径补偿			
合计配分		100	合计得分				
备注	(1) 程序简洁高效是指能采用正确的循环指令,循环指令参数设定正确,没有明显空刀现象。 (2) 程序效率不高是指编程指令选择不是最合适,或者参数设定不合理,有明显的空刀现象						

车削零件编程与仿真数控加工工艺卡片样卷

<table>
<tr><td colspan="4" rowspan="2">车削零件编程与仿真单元数控加工工艺卡</td><td colspan="2">零件代号</td><td colspan="2">材料名称</td><td>零件数量</td></tr>
<tr><td colspan="2"></td><td colspan="2"></td><td></td></tr>
<tr><td>设备名称</td><td></td><td>系统型号</td><td></td><td>夹具名称</td><td colspan="2"></td><td>毛坯尺寸</td><td></td></tr>
<tr><td>工序号</td><td colspan="3">工 序 内 容</td><td>刀具号</td><td>主轴转速(r/min)</td><td>进给量(mm/r)</td><td>背吃刀量(mm)</td><td>备注</td></tr>
<tr><td></td><td colspan="3"></td><td></td><td></td><td></td><td></td><td></td></tr>
<tr><td></td><td colspan="3"></td><td></td><td></td><td></td><td></td><td></td></tr>
<tr><td></td><td colspan="3"></td><td></td><td></td><td></td><td></td><td></td></tr>
<tr><td></td><td colspan="3"></td><td></td><td></td><td></td><td></td><td></td></tr>
<tr><td></td><td colspan="3"></td><td></td><td></td><td></td><td></td><td></td></tr>
<tr><td></td><td colspan="3"></td><td></td><td></td><td></td><td></td><td></td></tr>
<tr><td></td><td colspan="3"></td><td></td><td></td><td></td><td></td><td></td></tr>
<tr><td></td><td colspan="3"></td><td></td><td></td><td></td><td></td><td></td></tr>
<tr><td></td><td colspan="3"></td><td></td><td></td><td></td><td></td><td></td></tr>
<tr><td></td><td colspan="3"></td><td></td><td></td><td></td><td></td><td></td></tr>
<tr><td></td><td colspan="3"></td><td></td><td></td><td></td><td></td><td></td></tr>
<tr><td></td><td colspan="3"></td><td></td><td></td><td></td><td></td><td></td></tr>
<tr><td></td><td colspan="3"></td><td></td><td></td><td></td><td></td><td></td></tr>
<tr><td></td><td colspan="3"></td><td></td><td></td><td></td><td></td><td></td></tr>
<tr><td></td><td colspan="3"></td><td></td><td></td><td></td><td></td><td></td></tr>
<tr><td></td><td colspan="3"></td><td></td><td></td><td></td><td></td><td></td></tr>
<tr><td></td><td colspan="3"></td><td></td><td></td><td></td><td></td><td></td></tr>
<tr><td>编制</td><td></td><td>审核</td><td></td><td>批准</td><td></td><td>年 月 日</td><td>共 1 页</td><td>第 1 页</td></tr>
</table>

数控刀具卡片

序号	刀具号	刀具名称	刀片/刀具规格	刀尖圆弧	刀具材料	备注

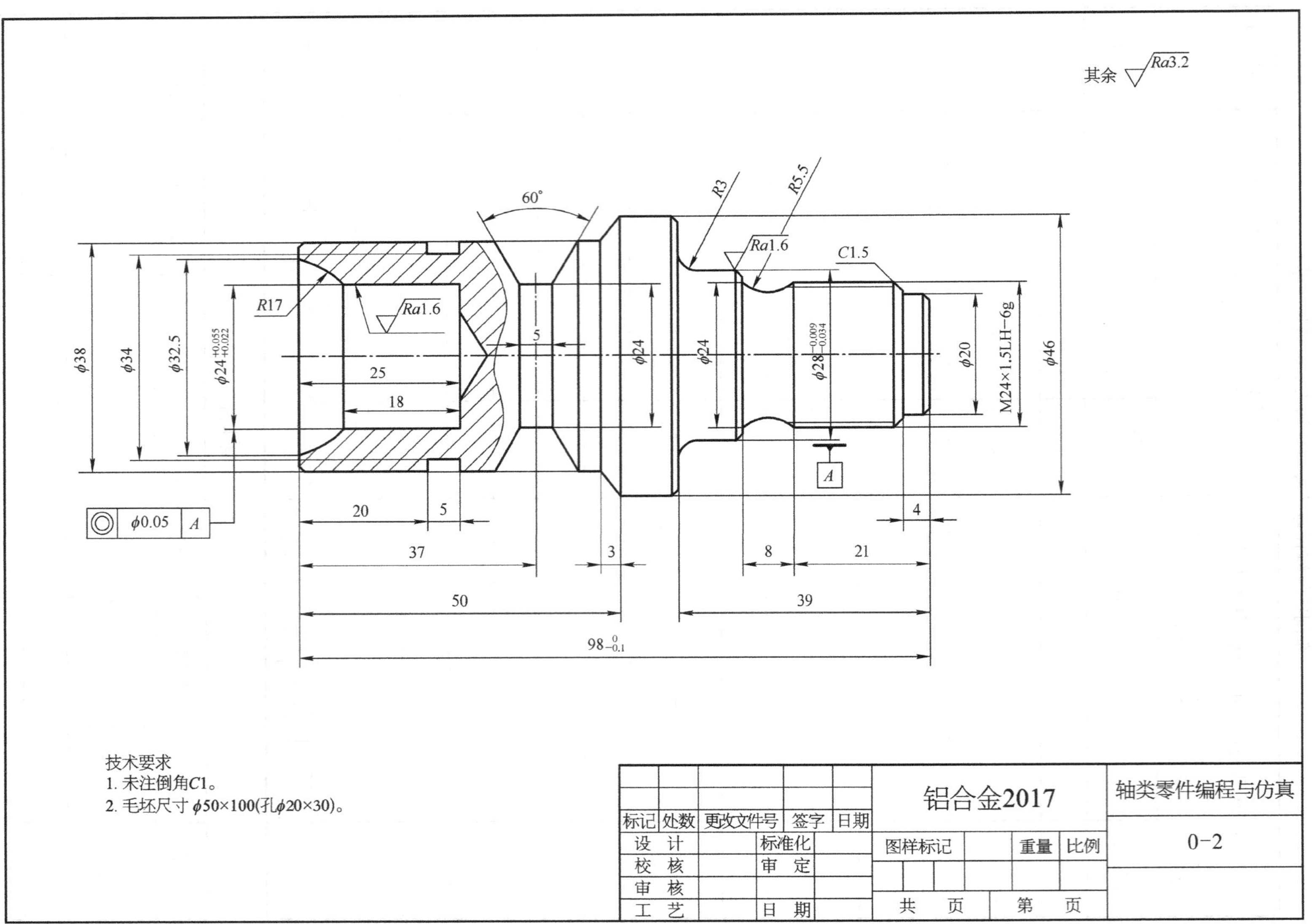
其余 Ra3.2
60°
R3
R5.5
Ra1.6
C1.5
R17
Ra1.6
5
φ38
φ34
φ32.5
φ24$^{+0.055}_{+0.022}$
25
18
φ24
φ24
φ28$^{-0.009}_{-0.034}$
φ20
M24×1.5LH−6g
φ46
A
φ0.05 A
20
5
4
37
3
8
21
50
39
98$^{0}_{-0.1}$
技术要求
1. 未注倒角C1。
2. 毛坯尺寸φ50×100(孔φ20×30)。
标记 处数 更改文件号 签字 日期
设计 标准化
校核 审定
审核
工艺 日期
铝合金2017
图样标记 重量 比例
共 页 第 页
轴类零件编程与仿真
0−2

练习 0－2 评分表

名称： 轴类零件编程与仿真 **加工时间：** 90 min

评价要素		配分	等级	评分细则	自测结果	评定结果	得分
1	工艺卡片：工步内容、切削参数	15	15	工序工步、切削参数合理			
			10	一个工步、切削参数不合理			
			5	两个工步、切削参数不合理			
			0	三个及以上工步、切削参数不合理			
2	工艺卡片：其他各项(夹具、材料、NC 程序文件名、使用设备等)	5	5	填写完整、正确			
			0	漏填或填错一项及以上			
3	数控刀具卡片	10	10	刀具选择合理，填写完整			
			5	一把刀具不合理或漏选			
			0	两把及以上刀具不合理或漏选			
4	内外圆、槽、螺纹加工程序与实体加工仿真	20	20	正确而且简洁高效			
			10	正确但效率不高			
			0	不正确			
5	$\phi 28_{-0.034}^{-0.009}$ mm 尺寸	20	20	符合公差要求			
			0	不符合公差要求			
6	$\phi 24_{+0.022}^{+0.055}$ mm 尺寸	20	20	符合公差要求			
			0	不符合公差要求			
7	刀尖圆弧半径补偿	10	10	含圆锥、圆弧的外圆加工程序使用了正确的刀尖圆弧半径补偿			
			0	没使用刀尖圆弧半径补偿			
合计配分		100	合计得分				
备注	(1) 程序简洁高效是指能采用正确的循环指令，循环指令参数设定正确，没有明显空刀现象。 (2) 程序效率不高是指编程指令选择不是最合适，或者参数设定不合理，有明显的空刀现象						

2. 盘类

其余 Ra3.2
R2
R3
R2
Ra1.6
R5
C2
C2
Ra1.6
ϕ66
ϕ58
ϕ48 +0.065 +0.026
A
11
13
28
M32×2LH−6H
ϕ54
ϕ64 −0.01 −0.046
ϕ76
9
8
21
44 0 −0.1
ϕ0.05 A
技术要求
1. 未注倒角C1。
2. 毛坯尺寸 ϕ80×ϕ25×46。
标记 处数 更改文件号 签字 日期
设计 标准化
校核 审定
审核
工艺 日期
45钢
图样标记 重量 比例
1:1
共 页 第 页
盘类零件编程与仿真
0−3

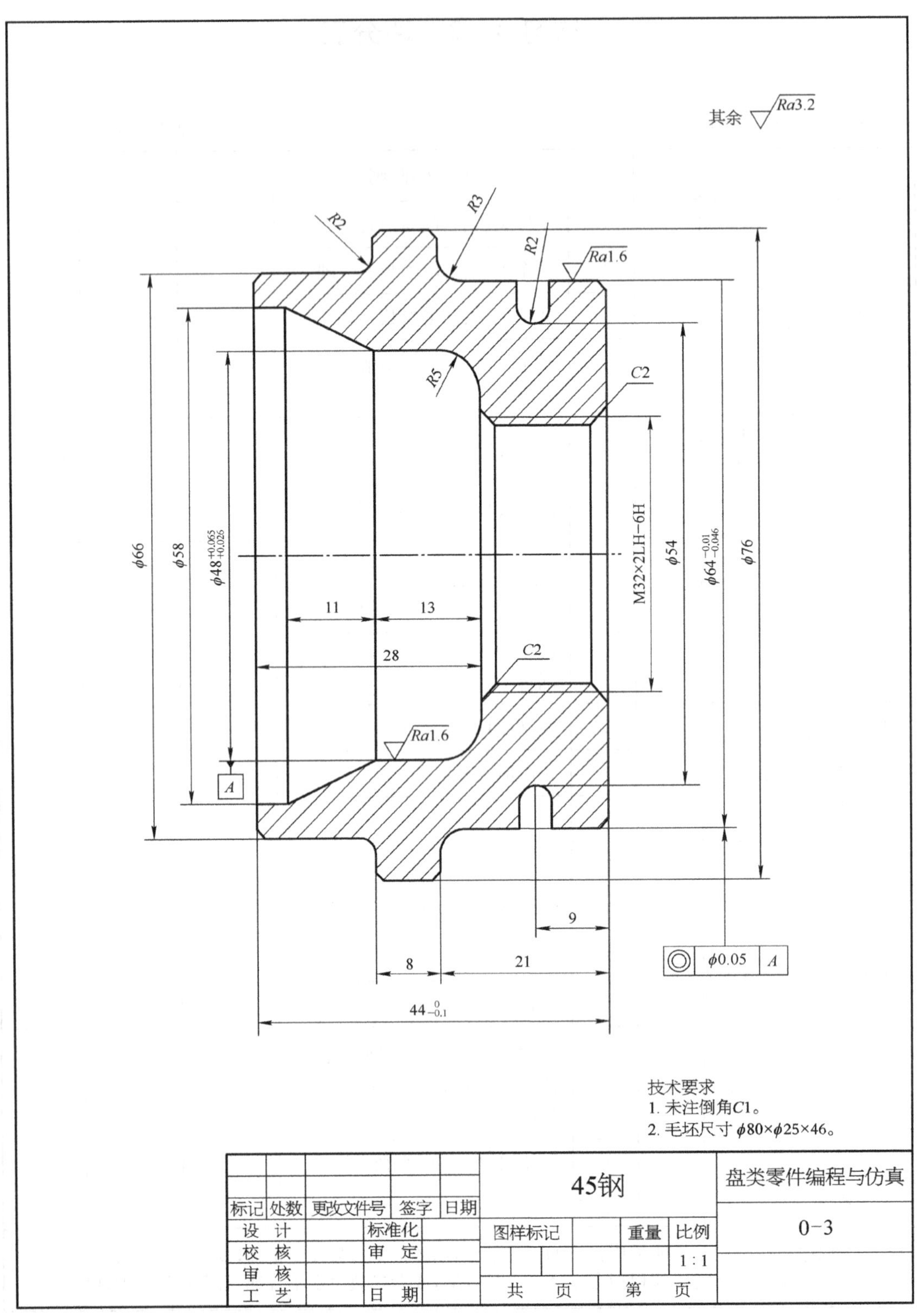

练习 0－3 评分表

名称：盘类零件编程与仿真 **加工时间：**90 min

评价要素		配分	等级	评分细则	自测结果	评定结果	得分
1	工艺卡片：工步内容、切削参数	15	15	工序工步、切削参数合理			
			10	一个工步、切削参数不合理			
			5	两个工步、切削参数不合理			
			0	三个及以上工步、切削参数不合理			
2	工艺卡片：其他各项（夹具、材料、NC 程序文件名、使用设备等）	5	5	填写完整、正确			
			0	漏填或填错一项及以上			
3	数控刀具卡片	10	10	刀具选择合理，填写完整			
			5	一把刀具不合理或漏选			
			0	两把及以上刀具不合理或漏选			
4	内外圆、槽、螺纹加工程序与实体加工仿真	20	20	正确而且简洁高效			
			10	正确但效率不高			
			0	不正确			
5	$\phi 64_{-0.046}^{-0.01}$ mm尺寸	20	20	符合公差要求			
			0	不符合公差要求			
6	$\phi 48_{+0.026}^{+0.065}$ mm尺寸	20	20	符合公差要求			
			0	不符合公差要求			
7	刀尖圆弧半径补偿	10	10	含圆锥、圆弧的外圆加工程序使用了正确的刀尖圆弧半径补偿			
			0	没使用刀尖圆弧半径补偿			
合计配分		100	合计得分				
备注	（1）程序简洁高效是指能采用正确的循环指令，循环指令参数设定正确，没有明显空刀现象。 （2）程序效率不高是指编程指令选择不是最合适，或者参数设定不合理，有明显的空刀现象						

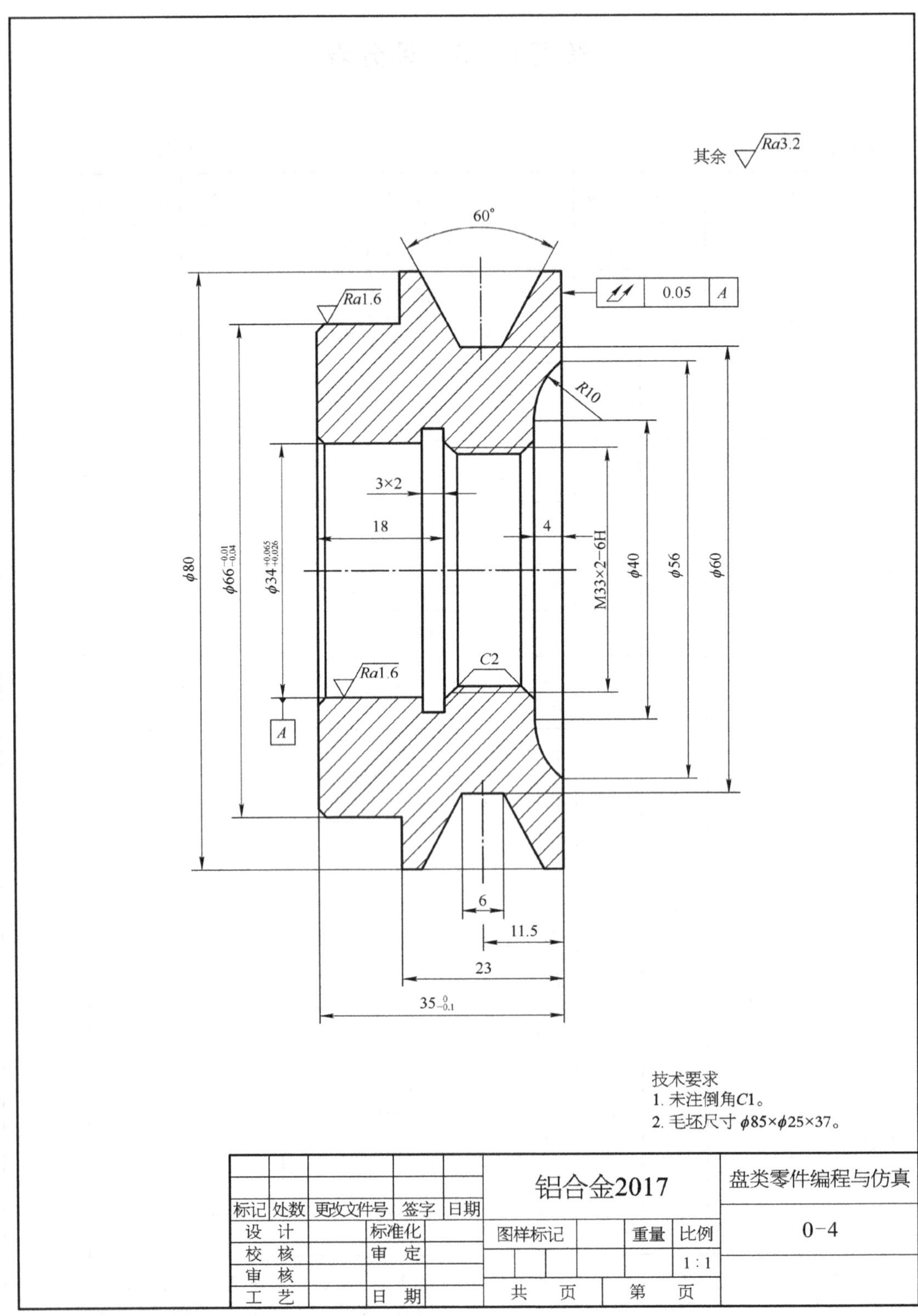
其余 Ra3.2
60°
0.05 A
Ra1.6
R10
3×2
18
4
φ80
φ66$^{-0.01}_{-0.04}$
φ34$^{+0.065}_{+0.026}$
M33×2-6H
φ40
φ56
φ60
C2
Ra1.6
A
6
11.5
23
35$^{0}_{-0.1}$
技术要求
1. 未注倒角C1。
2. 毛坯尺寸 φ85×φ25×37。
标记 处数 更改文件号 签字 日期
设 计 标准化
校 核 审 定
审 核
工 艺 日 期
铝合金2017
图样标记 重量 比例
1:1
共 页 第 页
盘类零件编程与仿真
0-4

练习 0－4 评分表

名称：盘类零件编程与仿真 **加工时间**：90 min

评价要素		配分	等级	评分细则	自测结果	评定结果	得分
1	工艺卡片：工步内容、切削参数	15	15	工序工步、切削参数合理			
			10	一个工步、切削参数不合理			
			5	两个工步、切削参数不合理			
			0	三个及以上工步、切削参数不合理			
2	工艺卡片：其他各项（夹具、材料、NC程序文件名、使用设备等）	5	5	填写完整、正确			
			0	漏填或填错一项及以上			
3	数控刀具卡片	10	10	刀具选择合理，填写完整			
			5	一把刀具不合理或漏选			
			0	两把及以上刀具不合理或漏选			
4	内外圆、槽、螺纹加工程序与实体加工仿真	20	20	正确而且简洁高效			
			10	正确但效率不高			
			0	不正确			
5	$\phi 66_{-0.04}^{-0.01}$ mm尺寸	20	20	符合公差要求			
			0	不符合公差要求			
6	$\phi 34_{+0.026}^{+0.065}$ mm尺寸	20	20	符合公差要求			
			0	不符合公差要求			
7	刀尖圆弧半径补偿	10	10	含圆锥、圆弧的外圆加工程序使用了正确的刀尖圆弧半径补偿			
			0	没使用刀尖圆弧半径补偿			
合计配分		100	合计得分				
备注	(1) 程序简洁高效是指能采用正确的循环指令，循环指令参数设定正确，没有明显空刀现象。 (2) 程序效率不高是指编程指令选择不是最合适，或者参数设定不合理，有明显的空刀现象						

二、零件加工

1. 轴类

其余 Ra3.2
X
Z
R20
R42
Ra1.6
Ra1.6
Ra1.6
A
R2
φ38
φ25 +0.033 0
φ46 −0.1 −0.2
φ36 −0.02 −0.053
φ36 +0.048 +0.009
φ26
20
57
8 −0.005 −0.041
65
98 0 −0.1
A: X 29.418, Z−36.173
技术要求
未注倒角C1。
标记 处数 更改文件号 签字 日期
设计 标准化
校核 审定
审核
工艺 日期
45钢
图样标记 重量 比例
1:1
共 页 第 页
轴类零件加工
0-5

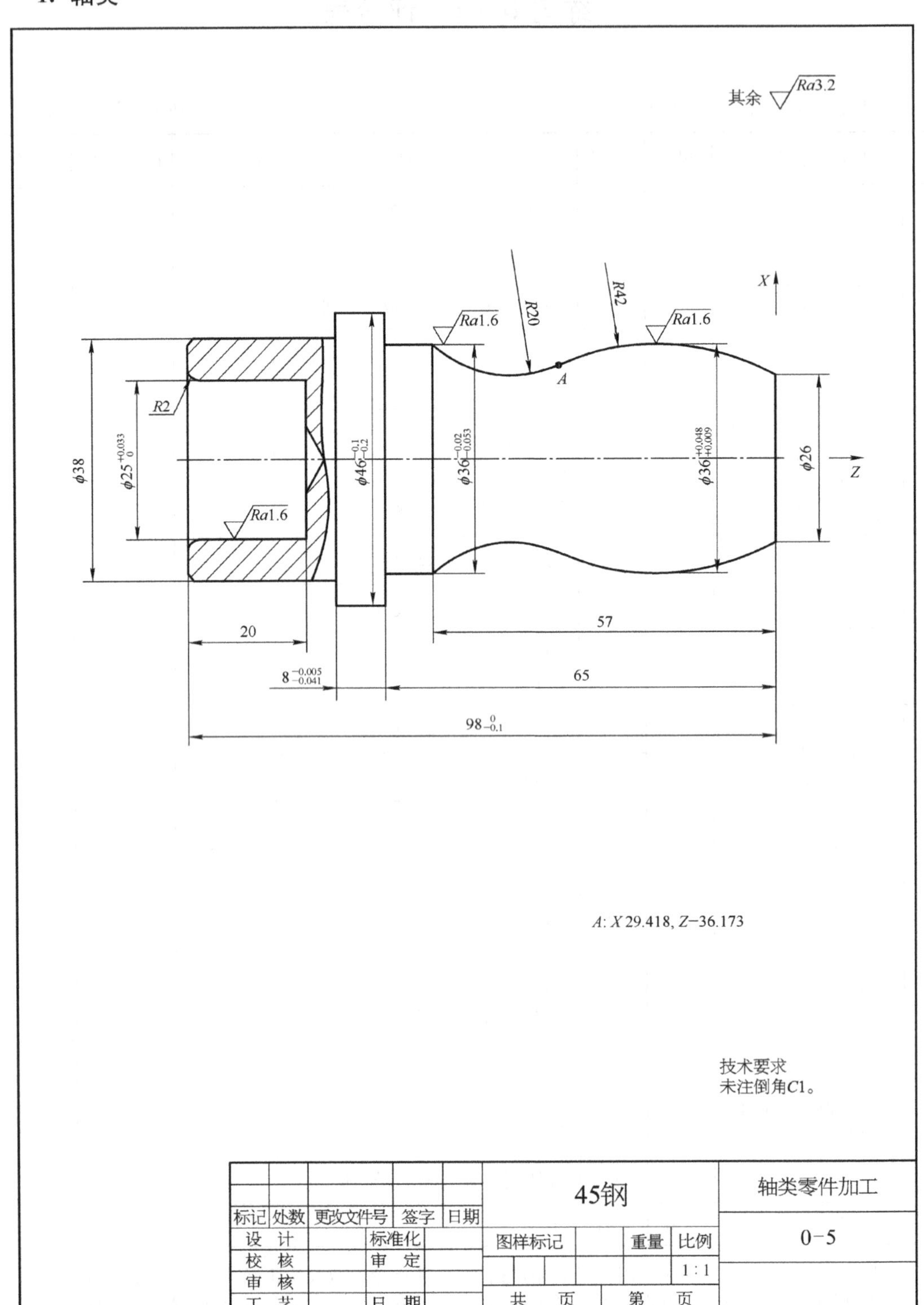

练习 0－5 评分表

名称：轴类零件加工　　　　**操作时间：**150 min

评价要素		配分	等级	评分细则	自测结果	评定结果	得分
1	表面粗糙度 $Ra3.2\ \mu m$	6	6	全部符合图纸要求			
			4	一个粗糙度超差			
			2	两个粗糙度超差			
2	表面粗糙度 $Ra1.6\ \mu m$	14	14	全部符合图纸要求			
			8	一个粗糙度超差			
			2	两个及以上粗糙度超差			
3	未注尺寸公差按照 GB 1804—2000	10	10	全部符合未注公差要求			
			8	一个尺寸超差			
			4	两个尺寸超差			
			2	三个及以上尺寸超差			
4	$\phi 36^{+0.048}_{+0.009}$ mm 外圆公差	10	10	符合公差要求			
			6	超差≤0.015 mm			
			2	0.015 mm＜超差≤0.03 mm			
			0	超差＞0.03 mm			
5	$\phi 36^{-0.02}_{-0.053}$ mm 外圆公差	10	10	符合公差要求			
			6	超差≤0.015 mm			
			2	0.015 mm＜超差≤0.03 mm			
			0	超差＞0.03 mm			
6	$\phi 46^{-0.1}_{-0.2}$ mm 外圆公差	10	10	符合公差要求			
			6	超差≤0.015 mm			
			2	0.015 mm＜超差≤0.03 mm			
			0	超差＞0.03 mm			
7	$\phi 25^{+0.033}_{0}$ mm 内孔公差	10	10	符合公差要求			
			6	超差≤0.015 mm			
			2	0.015 mm＜超差≤0.03 mm			
			0	超差＞0.03 mm			

(续表)

评价要素		配分	等级	评分细则	自测结果	评定结果	得分
8	$8_{-0.041}^{-0.005}$ mm 长度公差	10	10	符合公差要求			
			6	超差≤0.015 mm			
			2	0.015 mm<超差≤0.03 mm			
			0	超差>0.03 mm			
9	$98_{-0.1}^{0}$ mm 长度公差	10	10	符合公差要求			
			6	超差≤0.015 mm			
			2	0.015 mm<超差≤0.03 mm			
			0	超差>0.03 mm			
10	安全生产与文明操作	10	10	按要求整理、清洁			
			6	整理、清洁不到位			
			0	没进行整理、清洁			
合计配分		100	合计得分				

以下情况为否决项(出现以下情况本部分不予评分,按0分计):

(1) 任一项的尺寸超差>0.5 mm以上(≤2 mm的倒角和倒圆除外),不予评分。

(2) 零件加工不完整(≤2 mm的倒角和倒圆除外),不予评分。

(3) 零件有严重的碰伤、过切,不予评分。

(4) 操作过程中发生撞刀等严重生产事故者,要召开现场事故调查会。

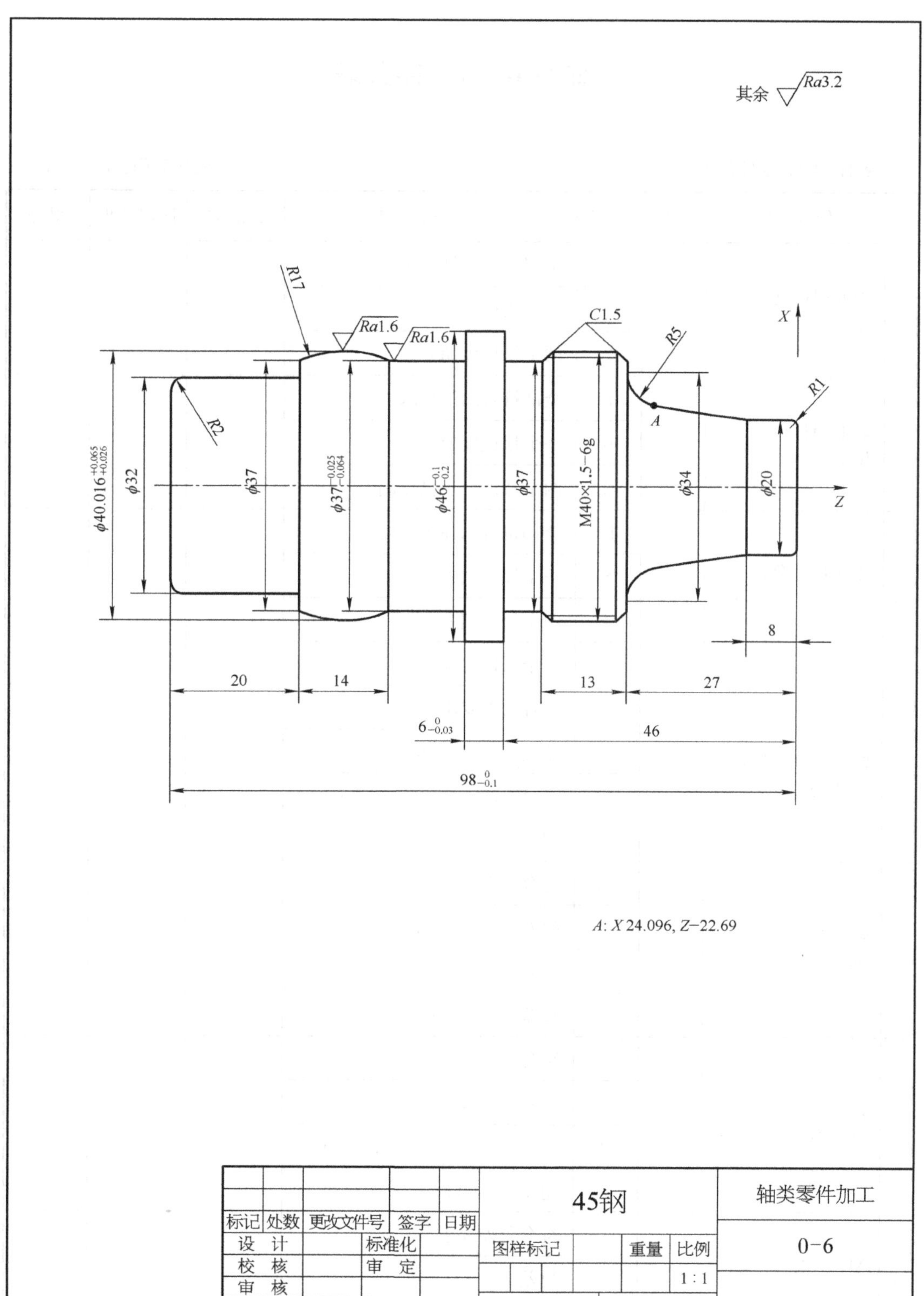
其余 Ra3.2
R17
Ra1.6
Ra1.6
C1.5
R5
X
R1
A
R2
φ40.016+0.065+0.026
φ32
φ37
φ37−0.025−0.064
φ46−0.1−0.2
φ37
M40×1.5−6g
φ34
φ20
Z
8
20
14
13
27
6 0 −0.03
46
98 0 −0.1
A: X24.096, Z−22.69
标记 处数 更改文件号 签字 日期
设 计 标准化
校 核 审 定
审 核
工 艺 日 期
45钢
图样标记 重量 比例
1:1
共 页 第 页
轴类零件加工
0−6

练习 0-6 评分表

名称：轴类零件加工　　　　　　　　　　**操作时间**：150 min

	评价要素	配分	等级	评分细则	自测结果	评定结果	得分
1	表面粗糙度 $Ra3.2\ \mu m$	6	6	全部符合图纸要求			
			4	一个粗糙度超差			
			2	两个粗糙度超差			
2	表面粗糙度 $Ra1.6\ \mu m$	9	9	全部符合图纸要求			
			6	一个粗糙度超差			
			2	两个及以上粗糙度超差			
3	未注尺寸公差按照 GB 1804—2000	10	10	全部符合未注公差要求			
			8	一个尺寸超差			
			4	两个尺寸超差			
			2	三个及以上尺寸超差			
4	$\phi 40.016^{+0.065}_{+0.026}$ mm 外圆公差	10	10	符合公差要求			
			6	超差≤0.015 mm			
			2	0.015 mm<超差≤0.03 mm			
			0	超差>0.03 mm			
5	$\phi 37^{-0.025}_{-0.064}$ mm 外圆公差	10	10	符合公差要求			
			6	超差≤0.015 mm			
			2	0.015 mm<超差≤0.03 mm			
			0	超差>0.03 mm			
6	$\phi 46^{-0.1}_{-0.2}$ mm 外圆公差	10	10	符合公差要求			
			6	超差≤0.015 mm			
			2	0.015 mm<超差≤0.03 mm			
			0	超差>0.03 mm			
7	M40×1.5—6g 螺纹	15	15	符合公差要求			
			8	超差			
			0	未加工			

（续表）

<table>
<tr><th colspan="2">评价要素</th><th>配分</th><th>等级</th><th>评分细则</th><th>自测结果</th><th>评定结果</th><th>得分</th></tr>
<tr><td rowspan="4">8</td><td rowspan="4">$6_{-0.03}^{0}$ mm
长度公差</td><td rowspan="4">10</td><td>10</td><td>符合公差要求</td><td rowspan="4"></td><td rowspan="4"></td><td rowspan="4"></td></tr>
<tr><td>6</td><td>超差≤0.015 mm</td></tr>
<tr><td>2</td><td>0.015 mm<超差≤0.03 mm</td></tr>
<tr><td>0</td><td>超差>0.03 mm</td></tr>
<tr><td rowspan="4">9</td><td rowspan="4">$98_{-0.1}^{0}$ mm
长度公差</td><td rowspan="4">10</td><td>10</td><td>符合公差要求</td><td rowspan="4"></td><td rowspan="4"></td><td rowspan="4"></td></tr>
<tr><td>6</td><td>超差≤0.015 mm</td></tr>
<tr><td>2</td><td>0.015 mm<超差≤0.03 mm</td></tr>
<tr><td>0</td><td>超差>0.03 mm</td></tr>
<tr><td rowspan="3">10</td><td rowspan="3">安全生产与文明操作</td><td rowspan="3">10</td><td>10</td><td>按要求整理、清洁</td><td rowspan="3"></td><td rowspan="3"></td><td rowspan="3"></td></tr>
<tr><td>6</td><td>整理、清洁不到位</td></tr>
<tr><td>0</td><td>没进行整理、清洁</td></tr>
<tr><td colspan="2">合计配分</td><td>100</td><td colspan="4">合计得分</td><td></td></tr>
</table>

以下情况为否决项（出现以下情况本部分不予评分，按 0 分计）：

(1) 任一项的尺寸超差>0.5 mm 以上（≤2 mm 的倒角和倒圆除外），不予评分。

(2) 零件加工不完整（≤2 mm 的倒角和倒圆除外），不予评分。

(3) 零件有严重的碰伤、过切，不予评分。

(4) 操作过程中发生撞刀等严重生产事故者，要召开现场事故调查会。

2. 盘类

其余 Ra3.2
Ra1.6
R6.083
Ra1.6
R30
15
4
R2
Ra1.6
φ76$^{-0.1}_{-0.2}$
φ66
φ60
φ30$^{+0.033}_{0}$
φ24
φ50
φ66$^{-0.03}_{-0.076}$
φ69$^{+0.078}_{+0.032}$
3
6$^{0}_{-0.03}$
11
6
33$^{0}_{-0.1}$
技术要求
未注倒角C1。
标记 处数 更改文件号 签字 日期
设计 标准化
校核 审定
审核
工艺 日期
45钢
图样标记 重量 比例
1:1
共 页 第 页
盘类零件加工
0-7

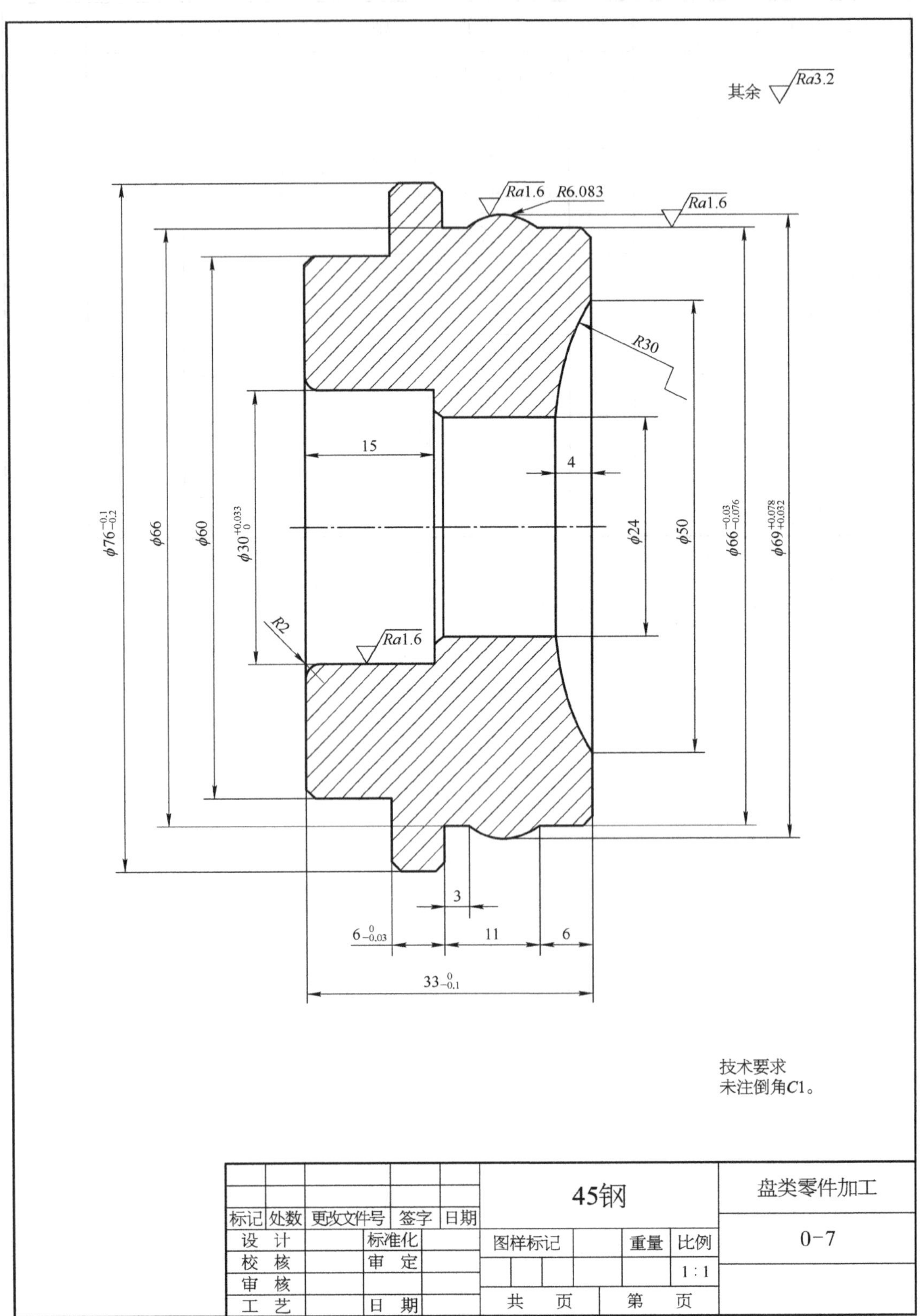

练习 0－7 评分表

名称：盘类零件加工　　　　**操作时间**：150 min

评价要素		配分	等级	评分细则	自测结果	评定结果	得分
1	表面粗糙度 *Ra*3.2 μm	6	6	全部符合图纸要求			
			4	一个粗糙度超差			
			2	两个粗糙度超差			
2	表面粗糙度 *Ra*1.6 μm	14	14	全部符合图纸要求			
			8	一个粗糙度超差			
			2	两个及以上粗糙度超差			
3	未注尺寸公差按照 GB 1804—2000	10	10	全部符合未注公差要求			
			8	一个尺寸超差			
			4	两个尺寸超差			
			2	三个及以上尺寸超差			
4	$\phi 69^{+0.078}_{+0.032}$ mm 外圆公差	10	10	符合公差要求			
			6	超差≤0.015 mm			
			2	0.015 mm<超差≤0.03 mm			
			0	超差>0.03 mm			
5	$\phi 66^{-0.03}_{-0.076}$ mm 外圆公差	10	10	符合公差要求			
			6	超差≤0.015 mm			
			2	0.015 mm<超差≤0.03 mm			
			0	超差>0.03 mm			
6	$\phi 76^{-0.1}_{-0.2}$ mm 外圆公差	10	10	符合公差要求			
			6	超差≤0.015 mm			
			2	0.015 mm<超差≤0.03 mm			
			0	超差>0.03 mm			
7	$\phi 30^{+0.033}_{0}$ mm 内孔公差	10	10	符合公差要求			
			6	超差≤0.015 mm			
			2	0.015 mm<超差≤0.03 mm			
			0	超差>0.03 mm			

(续表)

评价要素		配分	等级	评分细则	自测结果	评定结果	得分
8	$6_{-0.03}^{0}$ mm 长度公差	10	10	符合公差要求			
			6	超差≤0.015 mm			
			2	0.015 mm<超差≤0.03 mm			
			0	超差>0.03 mm			
9	$33_{-0.1}^{0}$ mm 长度公差	10	10	符合公差要求			
			6	超差≤0.015 mm			
			2	0.015 mm<超差≤0.03 mm			
			0	超差>0.03 mm			
10	安全生产与文明操作	10	10	按要求整理、清洁			
			6	整理、清洁不到位			
			0	没进行整理、清洁			
合计配分		100	合计得分				

以下情况为否决项(出现以下情况本部分不予评分,按 0 分计):

(1) 任一项的尺寸超差>0.5 mm 以上(≤2 mm 的倒角和倒圆除外),不予评分。

(2) 零件加工不完整(≤2 mm 的倒角和倒圆除外),不予评分。

(3) 零件有严重的碰伤、过切,不予评分。

(4) 操作过程中发生撞刀等严重生产事故者,要召开现场事故调查会。

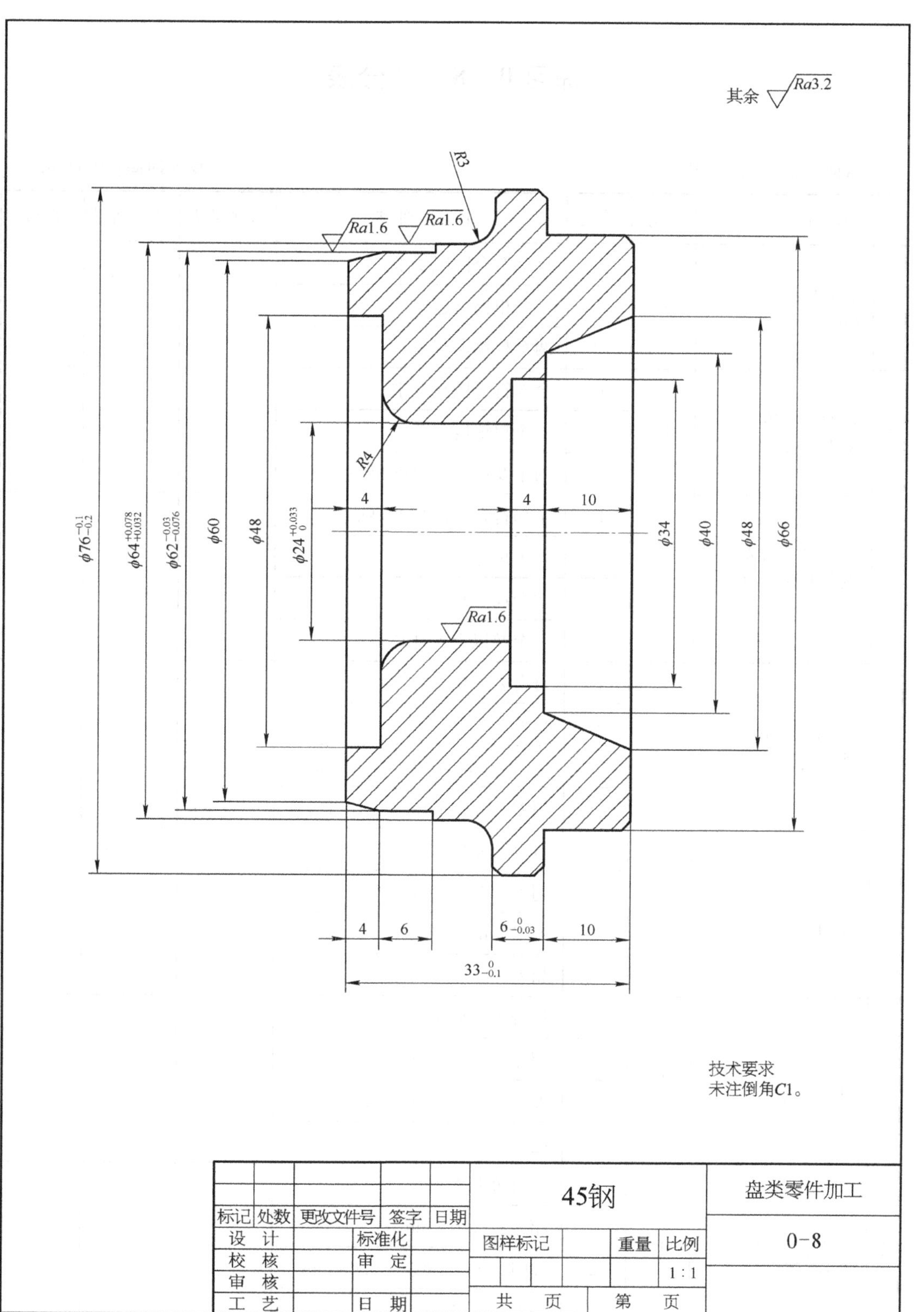

其余 Ra3.2
R3
Ra1.6
Ra1.6
Ra1.6
R4
φ76 -0.1 -0.2
φ64 +0.078 +0.032
φ62 -0.03 -0.076
φ60
φ48
φ24 +0.033 0
4
4
10
φ34
φ40
φ48
φ66
4
6
6 0 -0.03
10
33 0 -0.1
技术要求
未注倒角C1。
标记 处数 更改文件号 签字 日期
设 计
标准化
校 核
审 定
审 核
工 艺
日 期
45钢
图样标记
重量
比例
1 : 1
共 页
第 页
盘类零件加工
0-8

练习 0-8　评分表

名称: 盘类零件加工　　　　**操作时间:** 150 min

评价要素		配分	等级	评分细则	自测结果	评定结果	得分
1	表面粗糙度 $Ra3.2\ \mu m$	6	6	全部符合图纸要求			
			4	一个粗糙度超差			
			2	两个粗糙度超差			
2	表面粗糙度 $Ra1.6\ \mu m$	14	14	全部符合图纸要求			
			8	一个粗糙度超差			
			2	两个及以上粗糙度超差			
3	未注尺寸公差按照 GB 1804—2000	10	10	全部符合未注公差要求			
			8	一个尺寸超差			
			4	两个尺寸超差			
			2	三个及以上尺寸超差			
4	$\phi 64^{+0.078}_{+0.032}$ mm 外圆公差	10	10	符合公差要求			
			6	超差≤0.015 mm			
			2	0.015 mm<超差≤0.03 mm			
			0	超差>0.03 mm			
5	$\phi 62^{-0.03}_{-0.076}$ mm 外圆公差	10	10	符合公差要求			
			6	超差≤0.015 mm			
			2	0.015 mm<超差≤0.03 mm			
			0	超差>0.03 mm			
6	$\phi 76^{-0.1}_{-0.2}$ mm 外圆公差	10	10	符合公差要求			
			6	超差≤0.015 mm			
			2	0.015 mm<超差≤0.03 mm			
			0	超差>0.03 mm			
7	$\phi 24^{+0.033}_{0}$ mm 内孔公差	10	10	符合公差要求			
			6	超差≤0.015 mm			
			2	0.015 mm<超差≤0.03 mm			
			0	超差>0.03 mm			

（续表）

评价要素		配分	等级	评分细则	自测结果	评定结果	得分
8	$6_{-0.03}^{0}$ mm 长度公差	10	10	符合公差要求			
			6	超差≤0.015 mm			
			2	0.015 mm<超差≤0.03 mm			
			0	超差>0.03 mm			
9	$33_{-0.1}^{0}$ mm 长度公差	10	10	符合公差要求			
			6	超差≤0.015 mm			
			2	0.015 mm<超差≤0.03 mm			
			0	超差>0.03 mm			
10	安全生产与文明操作	10	10	按要求整理、清洁			
			6	整理、清洁不到位			
			0	没进行整理、清洁			
合计配分		100	合计得分				

以下情况为否决项（出现以下情况本部分不予评分，按0分计）：

(1) 任一项的尺寸超差>0.5 mm以上(≤2 mm的倒角和倒圆除外)，不予评分。

(2) 零件加工不完整(≤2 mm的倒角和倒圆除外)，不予评分。

(3) 零件有严重的碰伤、过切，不予评分。

(4) 操作过程中发生撞刀等严重生产事故者，要召开现场事故调查会。

附录二　数控车工（四级）国家职业标准

1. 职 业 概 况

1.1　职业名称

数控车工。

1.2　职业定义

从事编制数控加工程序并操作数控车床进行零件车削加工的人员。

1.3　职业等级

中级(国家职业资格四级)。

1.4　职业环境

室内、常温。

1.5　职业能力特征

具有较强的计算能力和空间感,形体知觉及色觉正常,手指、手臂灵活,动作协调。

1.6　基本文化程度

高中毕业(或同等学力)。

1.7　培训要求

1.7.1　培训期限

全日制职业学校教育,根据其培养目标和教学计划确定。晋级培训期限：中级不少于400标准学时。

1.7.2　培训教师

培训中、高级人员的教师应取得本职业技师及以上职业资格证书或相关专业中级及以上专业技术职称任职资格。

1.7.3　培训场地设备

满足教学要求的标准教室、计算机机房及配套的软件、数控车床及必要的刀具、夹具、量具和辅助设备等。

1.8　鉴定要求

1.8.1　适用对象

从事或准备从事本职业的人员。

1.8.2　申报条件

——四级：(具备以下条件之一者)

(1) 经本职业中级正规培训达规定标准学时数,并取得结业证书。

(2) 连续从事本职业工作5年以上。

(3) 取得经劳动保障行政部门审核认定的,以中级技能为培养目标的中等以上职业学校本职业(或相关专业)毕业证书。

(4) 取得相关职业中级《职业资格证书》后,连续从事本职业2年以上。

1.8.3　鉴定方式

分为理论知识考试和技能操作考核。理论知识考试采用闭卷方式,技能操作(含软件应用)考核采用现场实际操作和计算机软件操作方式。理论知识考试和技能操作(含软件应用)考核均实行百分制,成绩皆达60分及以上者为合格。

1.8.4 考评人员与考生配比

理论知识考试考评人员与考生配比为1∶15,每个标准教室不少于2名相应级别的考评员;技能操作(含软件应用)考核考评员与考生配比为1∶2,且不少于3名相应级别的考评员。

1.8.5 鉴定时间

理论知识考试为120 min,技能操作考核中实操时间为:中、高级不少于240 min;技能操作考核中软件应用考试时间为不超过120 min。

1.8.6 鉴定场所设备

理论知识考试在标准教室里进行,软件应用考试在计算机机房进行,技能操作考核在配备必要的数控车床及必要的刀具、夹具、量具和辅助设备的场所进行。

2. 基 本 要 求

2.1 职业道德

2.1.1 职业道德基本知识

2.1.2 职业守则

(1) 遵守国家法律、法规和有关规定。

(2) 具有高度的责任心、爱岗敬业、团结合作。

(3) 严格执行相关标准、工作程序与规范、工艺文件和安全操作规程。

(4) 学习新知识新技能、勇于开拓和创新。

(5) 爱护设备、系统及工具、夹具、量具。

(6) 着装整洁,符合规定;保持工作环境清洁有序,文明生产。

2.2 基础知识

2.2.1 基础理论知识

(1) 机械制图。

(2) 工程材料及金属热处理知识。

(3) 机电控制知识。

(4) 计算机基础知识。

(5) 专业英语基础。

2.2.2 机械加工基础知识

(1) 机械原理。

(2) 常用设备知识(分类、用途、基本结构及维护保养方法)。

(3) 常用金属切削刀具知识。

(4) 典型零件加工工艺。

(5) 设备润滑和冷却液的使用方法。

(6) 工具、夹具、量具的使用与维护知识。
(7) 普通车床、钳工基本操作知识。

2.2.3 安全文明生产与环境保护知识

(1) 安全操作与劳动保护知识。
(2) 文明生产知识。
(3) 环境保护知识。

2.2.4 质量管理知识

(1) 企业的质量方针。
(2) 岗位质量要求。
(3) 岗位质量保证措施与责任。

2.2.5 相关法律、法规知识

(1) 劳动法的相关知识。
(2) 环境保护法的相关知识。
(3) 知识产权保护法的相关知识。

3. 工作要求

3.1 中级

职业功能	工作内容	技能要求	相关知识
一、加工准备	(一) 读图与绘图	1. 能读懂中等复杂程度(如:曲轴)的零件图 2. 能绘制简单的轴、盘类零件图 3. 能读懂进给机构、主轴系统的装配图	1. 复杂零件的表达方法 2. 简单零件图的画法 3. 零件三视图、局部视图和剖视图的画法 4. 装配图的画法
	(二) 制定加工工艺	1. 能读懂复杂零件的数控车床加工工艺文件 2. 能编制简单(轴、盘)零件的数控加工工艺文件	数控车床加工工艺文件的制定
	(三) 零件定位与装夹	能使用通用卡具(如三爪卡盘、四爪卡盘)进行零件装夹与定位	1. 数控车床常用夹具的使用方法 2. 零件定位、装夹的原理和方法
	(四) 刀具准备	1. 能够根据数控加工工艺文件选择、安装和调整数控车床常用刀具 2. 能够刃磨常用车削刀具	1. 金属切削与刀具磨损知识 2. 数控车床常用刀具的种类、结构和特点 3. 数控车床、零件材料、加工精度和工作效率对刀具的要求

(续表)

职业功能	工作内容	技能要求	相关知识
二、数控编程	(一)手工编程	1. 能编制由直线、圆弧组成的二维轮廓数控加工程序 2. 能编制螺纹加工程序 3. 能够运用固定循环、子程序进行零件的加工程序编制	1. 数控编程知识 2. 直线插补和圆弧插补的原理 3. 坐标点的计算方法
	(二)计算机辅助编程	1. 能够使用计算机绘图设计软件绘制简单(轴、盘、套)零件图 2. 能够利用计算机绘图软件计算节点	计算机绘图软件(二维)的使用方法
三、数控车床操作	(一)操作面板	1. 能够按照操作规程启动及停止机床 2. 能使用操作面板上的常用功能键(如回零、手动、MDI、修调等)	1. 熟悉数控车床操作说明书 2. 数控车床操作面板的使用方法
	(二)程序输入与编辑	1. 能够通过各种途径(如DNC、网络等)输入加工程序 2. 能够通过操作面板编辑加工程序	1. 数控加工程序的输入方法 2. 数控加工程序的编辑方法 3. 网络知识
	(三)对刀	1. 能进行对刀并确定相关坐标系 2. 能设置刀具参数	1. 对刀的方法 2. 坐标系的知识 3. 刀具偏置补偿、半径补偿与刀具参数的输入方法
	(四)程序调试与运行	能够对程序进行校验、单步执行、空运行并完成零件试切	程序调试的方法
四、零件加工	(一)轮廓加工	1. 能进行轴、套类零件加工,并达到以下要求: (1)尺寸公差等级:IT6 (2)形位公差等级:IT8 (3)表面粗糙度:$Ra1.6\ \mu m$ 2. 能进行盘类、支架类零件加工,并达到以下要求: (1)轴径公差等级:IT6 (2)孔径公差等级:IT7 (3)形位公差等级:IT8 (4)表面粗糙度:$Ra1.6\ \mu m$	1. 内外径的车削加工方法、测量方法 2. 形位公差的测量方法 3. 表面粗糙度的测量方法
	(二)螺纹加工	能进行单线等节距的普通三角螺纹、锥螺纹的加工,并达到以下要求: (1)尺寸公差等级:IT6～IT7级 (2)形位公差等级:IT8 (3)表面粗糙度:$Ra1.6\ \mu m$	1. 常用螺纹的车削加工方法 2. 螺纹加工中的参数计算

（续表）

职业功能	工作内容	技能要求	相关知识
四、零件加工	（三）槽类加工	能进行内径槽、外径槽和端面槽的加工，并达到以下要求： (1) 尺寸公差等级：IT8 (2) 形位公差等级：IT8 (3) 表面粗糙度：$Ra3.2\ \mu m$	内、外径槽和端槽的加工方法
	（四）孔加工	能进行孔加工，并达到以下要求： (1) 尺寸公差等级：IT7 (2) 形位公差等级：IT8 (3) 表面粗糙度：$Ra3.2\ \mu m$	孔的加工方法
	（五）零件精度检验	能够进行零件的长度、内外径、螺纹、角度精度检验	1. 通用量具的使用方法 2. 零件精度检验及测量方法
五、数控车床维护与精度检验	（一）数控车床日常维护	能够根据说明书完成数控车床的定期及不定期维护保养，包括：机械、电、气、液压、数控系统检查和日常保养等	1. 数控车床说明书 2. 数控车床日常保养方法 3. 数控车床操作规程 4. 数控系统（进口与国产数控系统）使用说明书
	（二）数控车床故障诊断	1. 能读懂数控系统的报警信息 2. 能发现数控车床的一般故障	1. 数控系统的报警信息 2. 机床的故障诊断方法
	（三）机床精度检查	能够检查数控车床的常规几何精度	数控车床常规几何精度的检查方法

4. 比 重 表

4.1 理论知识

项目		中级(%)
基本要求	职业道德	5
	基础知识	20
相关知识	加工准备	15
	数控编程	20
	数控车床操作	5
	零件加工	30
	数控车床维护与精度检验	5
合计		100

4.2 技能操作

项　　目		中级(%)
技能要求	加工准备	10
	数控编程	20
	数控车床操作	5
	零件加工	60
	数控车床维护与精度检验	5
合　计		100

参考文献

上海市职业培训研究发展中心，等. 数控车工（四级）[M]. 北京：中国劳动社会保障出版社，2010.